吉本ばなな《ナビゲーター》が選ぶ名場面

実写映画より
リアルな宮崎作品

「冒険やファンタジーのドキドキよりも、
実は宮崎監督の作品のリアリティに
いつも驚かされるんです」と語る作家の吉本ばななさん。
『崖の上のポニョ』の
リアリティあふれる場面をピックアップ。

『人魚姫』とは違う、ビンに詰まった“きんぎょ”と出会うところがリアル。

私がよく知っている
みんな生きている
昔の日本の海

「こっちからのりな」――宗介が濡れないように
運転席側から乗せる母親の自然な動き。
運転の場面の前にこのやりとりを入れるのが宮崎さん!

命にまつわる仕事をし、
崖の上でほぼひとりで宗介を育てる
強い女性。
私にとってのヒロインはリサです

ガードレールにぶつかる波。私も経験があるけれど、台風の時の波はこんな風に魚のようなものに見えます。

荒波にかまわず車を降りて女の子を捜すリサ。不思議なことが起きていても、人間は人間らしい行動をするものです。

まず子どもたちだけに食べさせる。自分は後回しになるリサに「おかあさんだなあ」と思います。

リサとはぐれても、
宗介のとなりにはポニョがいる

車にいるはずのリサがいない。
泣く宗介にポニョは「お目めから水でてる」としか言わない。
眠たげな優しそうなポニョ。このシーンものすごく好きです。

グランマンマーレの
不思議を支える揺れ

あんなにポニョのおかあさんが大きいなんて。
それでも彼女の日常的な動きやイヤリングの揺れがリアルだから、
なんの不自然も感じずに納得できてしまいます。

エンディングも海。
この豊かな海を見るだけで満足

ジブリの教科書15

崖の上のポニョ

文春ジブリ文庫

ジブリの教科書15　崖の上のポニョ　目次

Part2

『崖の上のポニョ』の制作現場

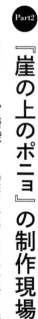

Part3

作品の背景を読み解く

GHIBLI

ジブリの教科書15

崖の上のポニョ

この世の映画ではなかった

ナビゲーター 吉本ばなな（作家）

「お盆のような映画だな」

二〇〇八年の公開当時に『崖の上のポニョ』を見たとき、そう思いました。お盆の時期はいつも、なんだかちょっと空気が薄くなって、世界のトーンが変わる気がするんです。『風立ちぬ』（二〇一三年）にも同じ空気を感じましたけど、宮崎駿監督の映画が変わった、とはっきり思ったのが、この『崖の上のポニョ』でした。

当時、私の公式ウェブサイトの日記では、こう書いています。

〈宮崎さんの心は、もう半分以上この世にないということが、痛いほどわかる。

あの人は、もうとっくにある意味、死んでいるのだ。なにかが、彼を生かしているのだと思う。でないと天界をあんなに知っているはずがない。この世の映画ではなかった。ハウルもそうだった。あの頃、彼は半分肉体を離れたのだ、そう思った。もはやスエーデンボルグみたいだ。〉

宮崎監督はこのころ、ある意味で、極まってしまったのだと思います。「生命は素晴らしい」「ものが動くことは美しい」というのが、ずっと監督の二大テーマだったと思うのですが、『ポニョ』から突然に、「そうでもないよね」と矛盾を孕むようになった。

この世のことを描いて、人々に活気を与える映画をつくり続けてこられたのが、ある極みに達し、反転したのではないでしょうか。「向こう側」の世界があってこそ、「こちら側」の世界があるということに気づかれた——と私が言うのはおこがましいのですが、美しさ、生命、自然の動きといったもの全てが「向こう側」の世界とプラスマイナスでセットになっている。そういう仕組みにはっきりと気づかれたのだと思う。

アニメーションをつくる労力は大変なものだから、強い動機、「これが動いているのを見たいんだ！」という思いがないとできないはず。その動機が大きく変わったのが、この作品だと思います。

いくら押し込めようとしても出てきてしまう「向こう側」の世界。まだ私も本当にはわからないけれど、感情のない世界、感動のない世界、なにもかもニュートラルになる世界が、「こちら側」に滲み出てきている。日記に書いたとおり、

「この世の映画ではなかった」

私の感想は、ここに尽きます。そして、それを支えるすごいリアリティに満ちた映画です。私にとって宮崎監督の映画はつねに、実写よりもリアルに思えるんです。

生命力の海、死に近い海

まず、オープニングの海が素晴らしい。びっしりと生き物たちがいる豊かな海。私としては、この海の映像だけですっかり納得してしまって、人間のお話なんてどうでもいいや、あとはエンディングでいい（笑）という気持ちにすらなりました。

物語の設定としては、ポニョの父のフジモトさんが、古代の豊かな海を取り戻したくて、いろいろな策を練って、ちょっと変な風になったけど叶ってしまった――そういう仕立てになっているけど、あきらかに海と生き物を描きたいだけ、という気持ちが伝わってきて、すごく好きなシーン。文句ないです。

ジブリの方によれば、宮崎監督は『未来少年コナン』で発明した海の表現を超えて、新しい海や波を描くんだ、と挑戦されたと聞いていますが、たしかにこれは「日本の

海」です。私は海育ちではないけれど、子どものころから家族で伊豆の海に通ってよく知っている、少し昔の「日本の海」の感じ。生き物の気配に満ちていて、顔をつけてのぞいたら、おそろしく生き物がいる！

港の夜景、漁船や対岸に見える灯りの数も、現代の感じではないですね。モデルになったのは広島県の鞆の浦だけれど、今でも和歌山あたりに行くと、湾の向こうに灯りがぽつぽつ見える。ああ、昔はこういう感じだったな、と思います。

海の色も、ポニョが網につかまってしまう海底の泥も、ゴミの色すらリアル。自然保護的なメッセージではなく、そうそう、網ってあげるとゴミだらけになるという。

海は生命に満ちていると同時に、「向こう側」にも近いです。

宮崎作品では山の世界も描かれていますが、海と山、どちらの恐怖に耐えられるかと考えたら、私は海の恐怖のほうが大きい。山には、人間も頑張ればなんとか入れるような気もするけれど、海は呼吸ができないから受け入れてはくれない。実際に「これは死ぬかも」とヒヤリとしたこともあるし、父も海でおぼれて死にかけましたから。

お盆のとき海に入ると足を引っ張られるといいますが、私ももう感覚的に無理です、絶対入りたくない。自分がそういう感覚をものすごく大事にしているから、『ポニョ』からお盆のような雰囲気を感じる力も強かったのかもしれません。

海辺で宗介がポニョと出会うシーンも好きです。ビンにはまったお魚のポニョを拾って、「きんぎょだ」と言うだけ。アンデルセンの『人魚姫』みたいな美しい姫と王子の出会いではなくて、子どもっぽい感じなのがかわいい。

子どもの言動に、お話を進めるためのウソがないんです。

宗介がビンを石で割るシーンも「きんぎょ」を出すにはそうするしかない、と素直に思えます。ゴンと強く割ったら死んでしまうから、力を抜いて落とす、その動きの加減がうまく描かれていて、彼の性格がわかる。丁寧で、慎重派ということが動作ひとつから伝わってきます。

「こっちから乗りな!」究極のリアリティ

フジモトに連れ戻されたポニョが、宗介に再会したくて、台風のような大波を起こしてやってくるシーンもすごいです。

介護施設で働くお母さんのリサのところに、台風だから早く帰るために、お隣の保育園から宗介が歩いてくる。リサは、運転席の側のドアをあけて、

「こっちから乗りな!」

と声をかけます。宗介に近い側だから。優しさや思いやり以上に、習慣というか、当然こちらから乗せるよね、という母親の心の自然さを感じる。

一見すると不要なこのシーンを挟むなんて、宮崎監督は天才だなって、映画館で思ったのを覚えています。普通は、いきなり車に乗せてしまうと思うんです。

宮崎監督のすべては、このリアリティにあると思います。現実じゃないけど、それ以上にリアル。このシーンはその極みです。

台風の海の描写も、私は旅で体験したので、波がガードレールを越えてきて、持っていかれそうな感じとか、車がぶわーっと水しぶきをあげて走るとか、よくわかります。リサの運転する車が小さくて飛ばされそうなのも、実際に、海辺の町では小回りがきくからみんな軽自動車に乗っているんですよ。

本当に魚のような生きものがいるとしか思えない、生きている波。おそろしい波。その波の上を、ポニョが走っていくシーンは、まさに宮崎監督の得意なところですよね。長年見てきた素晴らしい動きを、また堪能しました。

きっと監督には、日常の人間の動きの妙がわかっているからこそ、空を飛んだり、海の上を走ったりしても、まったく違和感がないんでしょうね。

なくても成立するけど、なかったらこの気持ちが伝わらない、という動きがある。リサが車の運転席から宗介を乗せるような、素人が一番カットしてしまいそうなシーン、アニメーションにおいては、それこそが大事だと思ってつくってらっしゃるのだと思う。

宗介が、波の上を走るポニョを見て、「おんなの子がおちた！」って言うのも真実味があります。お魚から姿が変わっているわけだから、ポニョだとわからなくて当たり前なんです。「あれはきっとポニョだよ」とか「人間になったんだ」とか言わないのがいい。だからリサが「どこでおんなの子を見たの!?」と、荒波のなかで車を止めて捜す。

崖の上の家にたどり着いてから、「ポニョだ！」とわかったのは、宗介の知ってる人のなかで一番似ているからだったのでは（笑）。ちなみに当時、アートパフォーマーの飴屋法水さんのお嬢さんがポニョそっくりだったんです。身体能力がすごくて、裸足で走ってきてバク転したりして、まるでポニョだね！と息子と言ってました。

台風の時は、誰もがちょっと気分がおかしくなるから、受け入れてしまう。魚だった子が家に来ても、小さい女の子なんだから家で保護する。人間は人間らしい行動しかしない。どんなに変な、不思議なことが起きていても、人間の営みはぜんぜん変わらないということなんです。

母、リサこそが私のヒロイン

もうひとつ強く印象に残ったのが、女の子の姿になったポニョを迎えいれて、停電した家のなかで、ポニョと宗介にインスタントラーメンを出す場面です。ここで、リサさんが自分では食べないことに感動しました。

昔のお母さんってこんな感じでしたよね。ごく自然に、子どもにだけ先に食べさせる。宗介が「お母さんは食べないの？」とか言わないところもいい。それだけで、安心感、母と子の関係性が伝わってきます。

当時の日記ではこう書いています。

〈そして、宮崎さんが思い入れた母親はトキさんではない、あまのじゃくだからそう言ってるけど、描きたかったのは、リサさんだ。お母さんの動き、考え、帰宅したらとりあえずお茶を入れる、大人の部分は見せても子供には絶対的に親として接する、ご自分が小さい頃の若いお母さんがもう一度だけ見たかったのだろう。〉

私にとって、この映画のヒロインはポニョじゃなくて、リサさんなんです。崖の上の一軒家に住んで、子どもをほぼ一人で育てて、ピチピチした生命力にあふれている。こういうお母さんいいな、もっと見たいな、と思いました。山口智子さんの、低めで説得力ある声も好きです。

リサは冷静で、ある意味ではガサツですらある。それはきっと、介護という仕事が命に直結しているし、育児もそうだし、夫も船乗りだからいつどうなるかわからない。そういう、常に命にまつわる生活をしている女の人の生々しさがあります。

台風の夜にまだ五歳の宗介とポニョを家に残して、介護施設の様子を見にいくことに、公開当時、批判もあったと聞きました。

でもきっと、少し昔だったら当然のこと。現代の基準では微妙かもしれないけど、仕事への責任感とか、リサさんの性格から考えたら自然です。それに、宗介をそれに耐えうるように育てているわけだから。

宗介に「リサ」「耕一」と呼ばせているのもとやかく言われたそうですが、創作物に対する現実的すぎる批判は、愚の骨頂、という感じがしますね。だから反動で、残酷なだけのアニメとかできちゃうんじゃないかな。厳しくすると、禁じられていることだからやりたい、という人が多くなるだけだと思います。私はホラーマニアですが、そんな基準だったら、ホラー映画はぜんぶアウトです。十三日の金曜日のキャンプとか禁じられてしまう（笑）。

創作物は、人の残酷さとか、思わぬ時にしてしまう変な行動とか、なぜかこの家は「パパ」「ママ」じゃないんだよね、とか、そういう複雑さの妙を味わうものですから。

大胆で野蛮なヒロインたち

ポニョの魔法で大きくした船に乗って、二人でリサを捜しにいって、見つからなくて、宗介が涙ぐむシーン。そりゃあ、泣きますよね。ポニョは半分眠っていて役にたたないし、お母さんは車のなかにいないし。ふつうは「宗介、泣いてるの？」とか心配そうに言わせる気がします。ところがポニョは、宗介をすごく慰めるわけではなくて、「お目めから水でてる」

で終わっちゃう！　でも顔はすごく優しいんです、ねぼけてて。そこが好きです。

きっと宗介は一生、ポニョの尻に敷かれて生きていくんだろうな、彼女の両親、フジモトとグランマンマーレのように（笑）、と思いましたね。

『ポニョ』は強い女の人ばかり出てきます。ポニョ、リサとグランマンマーレという両方のお母さん、そしておばあさんのトキさん。そのモデルといわれる、宮崎監督のお母様は、相当な強さをもった方だったと推測されますよね。

そもそも宮崎監督のヒロインは、特殊な人材ばかりです。以前に対談で、「絶対に友達にはなれないヒロインばかり」と監督に突っ込んだら、すごく悲しそうな顔をされた記憶があります。だってナウシカやもののけ姫が友達だったら、命がいくつあっても足りない（笑）。『未来少年コナン』のラナちゃんの時代から、自分の大胆な行動が他者に及ぼす影響を考慮しない女性ばかりですよ。

でも監督は、そういう女性の乱暴な——野蛮、粗野ともいえるような側面が好きで、憧れているんでしょうね。彼の世界には、男の人たちの言うことを聞きそうな女性は、『風立ちぬ』にさえもいなかった。あんなに大人しそうな菜穂子でさえ、自分の命なんか全然気にしないで、思ったとおり行動を貫く。そこに、女性の強さや生命力への憧れを強く感じます。

海の中は「死後の世界」なのか？

そして、もっともお盆のような、クライマックスシーン。宗介とお魚にもどったポニョが海の中に連れていかれると、クラゲのようなドームのなかに、リサも、なぜか歩けるようになったおばあさんたちもいる。ポニョのお母さん、グランマンマーレが、宗介の気持ちを確かめ、ポニョを人間の女の子にしてくれます。

このシーンが、「向こう側」なのかどうか。

「実は全員が死後の世界で暮らしていた」という都市伝説がありましたが、私はそうは思いません。グランマンマーレは海の女神なんだから、みんなを海のなかで生かしておくことくらい可能でしょう、と普通に見ていました。お母さんがあんなに大きい時点で不思議なのに、納得させられてしまうのは、やはりイヤリングの揺れ方とか、日常のささいな動きがあまりにリアルだからです。

みんな津波で死んでしまっているというのは、言い方が難しいけれど、単純すぎて貧しい考え方のような気がします。天国のように綺麗な世界をかいま見た、という感覚ではないでしょうか。なぜなら、若い二人を描いた映画だから。津波のなかで一瞬、「向こう側」と混ざってしまったんだな、そしてまた現実を普通に生きていくんだろうな、と思う。

でも、どちらの解釈もできるのがこの映画の素晴らしいところです。みんな「向こう側」にいって生活しているともとれるし、津波という異様な体験で「こちら側」がすこし変わった、ともとれる。それでいいのだと思います。

宮崎監督の作品は、もはや私の血のなかにしみこんでいます。『未来少年コナン』を放課後の掃除をさぼって懸命に見ていた世代ですから。高所恐怖症だから、高いところをこんなに恐ろしく描けるなんてすごいと震えながら。

その時代から順番に見てくると、『ポニョ』に至る変化は納得できます。

商業と、思想と、技術と、すべてのバランスの頂点にあるのが『千と千尋の神隠し』（二〇〇一年）だと思う。バランスの頂点で極まって、「あとは好きなことをしてもいいよね」という感じになられたのではないでしょうか。

それでも、『ハウルの動く城』（二〇〇四年）は恋愛の話もあったから、まだ「こちら側」寄りでした。それを解放したのが『崖の上のポニョ』で、『風立ちぬ』は、もう全篇が「向こう側」で、死の影が立ち込めていてびっくりしました。

私は『彼女について』（文春文庫）という小説を、『ポニョ』と同じ二〇〇八年に書いたのですが、これもあの世とこの世を行き来するお盆のような話です。でも時代の影響ではなく、きっと年齢が関係しているんでしょう。だんだん「向こう側」に近づいてくるに従って見えてくる。まだ本当にはわからないけれど、人が生きていることも、動きが美しいことも、すべて消えてなくなる世界があり、だからこの瞬間がより美しく、より生き生きと見える。その真実を見せてくれるのが、宮崎監督の作品だと思います。

だからもう、好きなことだけやってくだされぱいいんです。次もぜひ、自分が見たいリアルだけを映像にしてほしい。そう思います。

よしもと・ばなな●一九六四年東京生まれ。日本大学藝術学部文芸学科卒業。八七年「キッチン」で海燕新人文学賞、八八年「ムーンライト・シャドウ」で泉鏡花文学賞、八九年『TUGUMI』で山本周五郎賞を受賞。『キッチン』をはじめ、諸作品は海外三十数カ国で翻訳、出版されており、人生の深淵に触れるエッセイも人気。近刊に『吹上奇譚　第一話　ミミとこだち』。noteにてメルマガ「どくだみちゃんとふしばな」を配信中。

Part1

映画『崖の上のポニョ』誕生

前作『ハウルの動く城』の公開日、ジブリの社員たちは揃って瀬戸内海のある町に旅行に出かけていた。そこを気に入った宮崎駿は翌年、再度一人で滞在。次作のプランを練ることに。

同時期に出会った夏目漱石の本にもヒントをもらい、「こんどの主人公は海からやって来る」ことが決定。さらに、トトロを上回るキャラクターを作りたいという目標を設定する。

それまで緻密な表現を極めてきた背景画も、方針を転換して絵本のような素朴なタッチにすることで暖かな世界を表現。口ずさみやすい主題歌も大いに話題となり、映画の大ヒットを後押しした。

スタジオジブリ物語
人間が手で描いた驚きに満ちた『崖の上のポニョ』

子供向け、瀬戸内海、オフィーリア、保育園

『崖の上のポニョ』は宮崎駿監督にとって十作目の劇場用長編アニメーション作品である。

崖の上の一軒家に住む五歳の少年・宗介は、家出したさかなの子・ポニョと出会う。宗介に助けてもらい、宗介を好きになるポニョ。宗介もポニョを好きになる。しかしポニョは、父のフジモトによって海の中へ連れ戻されてしまう。人間になりたいと願うポニョは、父の魔法を盗み出して宗介のいる人間の世界を再び目指す。魔法の影響で海は膨れ上がり、津波が地上に押し寄せる……。前作『ハウルの動く城』は海外の小説を原作にしていたが、本作は『千と千尋の神隠し』以来七年ぶりのオリジナル原作だ。

プロデューサーの鈴木敏夫によれば、この作品の企画は次のように始まった。「今となってはあんまりよく覚えてないんですけど、確か『ハウルの動く城』の公開が終った直後あたりだったたと思うんだよね……宮さん（宮崎駿）と、次の作品について話をしている時、僕の方から『子ども向けをやりましょう』って持ちかけたんです。なぜかと言

うと、『ハウル』の中で、カルシファー、マルクルとソフィーのやりとりの場面が〈児童もの〉としてすごく良かったから、あれの発展系を是非見たいと思ったんです。作品全体であれをやったら、小さな子どもたちは本当に大喜びするだろう、と」（『ロマンアルバム崖の上のポニョ』徳間書店）

『ポニョ』の企画はまず〝子供向け〟という方向性が決まるところから始まった。当初は中川李枝子と大村百合子の『いやいやえん』を再びアニメーション化したらどうだろうという案も出ていたが（三鷹の森ジブリ美術館のオリジナル短編アニメーションとして、同書の「くじらとり」のエピソードがすでに映像化されていた）、そんな中、ジブリの社員旅行が新作の企画に大きく影響を及ぼすことになる。二〇〇四年十一月二十日、ちょうど『ハウル』の公開日に、ジブリは揃って瀬戸内海のある町に社員旅行に出かけた。このとき宮崎監督は、地元の方のご好意により崖の上のとある民家に泊まったのだが、監督はその家をとても気に入り、翌二〇〇五年春に約二カ月間、再度その家に今度は一人で滞在し、自炊生活をすることになる。家の裏手は全面海に面しており眺めがとても良く、この建物を監督は大変気に入ったのだった。その家に宮崎監督が滞在したのは、もともとは『ポニョ』とは別のある企画の準備を意識してのことだった。しかしその作品の代わりに『ポニョ』が生まれることになる。

この時期、宮崎監督はもうひとつ、『ポニョ』につながるインスピレーションを得ている。それは夏目漱石だった。海沿いの家では新作の準備をする以外、何もすることがない。そこで宮崎監督は古い文学全集を片っ端から読んでいったが、中でもよく読んだのが漱石全集だった。少なくとも、『ポニョ』の主人公である宗介の名と作品タイトルは、『門』の主人公である〝崖の下に住む宗助〟から来ているのは確かであろう。

さて、二〇〇五年のジブリは、会社全体としては秋ごろまで宮崎駿監督の三鷹の森ジブリ美術館用新作短編三本を制作し、一部オーバーラップしながら、夏を過ぎた頃から宮崎吾朗監督作品『ゲド戦記』に取り組み始める。この年、宮崎駿監督は美術館短編以外にもジブリ美術館の企画展示「アルプスの少女ハイジ展」や『ハウル』の海外キャンペーンなどいろいろな仕事をこなしたが、それらを進めながら、頭の中では『ポニョ』の企画が同時進行していた。

二〇〇六年になり、宮崎監督は二月に渡英した。

ロバート・ウェストールの『ブラッカムの爆撃機』（宮崎駿編・岩波書店刊）に収録するイラストエッセイを描くための取材旅行だったが、その折にテート・ブリテンに立ち寄り、ジョン・エヴァレット・ミレイの描いた絵画「オフィーリア」を鑑賞して衝撃を受ける。この絵はロンドン留学中の夏目漱石もおそらく鑑賞し、後に『草枕』に登場させた有名な絵だが、宮崎監督が受けた衝撃は『ポニョ』の映像制作にはっきりと影響を与えることになる。自分たちがやりたいと思っていたことがそこに実現されている、それも百四十年以上も前に。もうこれ以上、行きようがない。「オフィーリア」の絵は宮崎監督に〝精度を上げた爛熟さから素朴さへ舵を切りたい〟と思わせ、〝初源に還ること〟を決意させた。

ところで、『ポニョ』につながる重要な出来事として、もうひとつ、社内保育園がある。宮崎監督は随分前から保育園をやりたいと思っていた。二〇〇二年に刊行された養老孟司との対談集『虫眼とアニ眼』（徳間書店）には、長年温めてきた保育園のプランがカラー口絵で掲載されているが、実際に保育園をやりたい、という気持ちはその後も宮崎監督の中でどんどん大きくなっていき、その意欲が『ポニョ』の企画につながっていく。『虫眼とアニ眼』に掲載されているプランは保育園とホスピスが隣接しているが、これは『ポニョ』でひまわり園とひまわりの家（保育園とデイケアサービスセンター）が隣接していることと重なる。なお、『ポニョ』と同時進行するように、映画の準備作業が始まった二〇〇六年春頃、宮崎監督の強い意向を受けてジブリの社内保育園も一気に実現に向けて動き出した。そして二〇〇七年三月に着工し、映画完成前の二〇〇八年四月に「3匹の熊の家」として開園している。基本設計はもちろん宮崎監督。宮崎監督は保育園について次のように述べているが、『ポニョ』とのつながりが鮮明にうかがえる発言だ。

「『保育園をつくりたい』と思ったのは、きれいごとではなくて、子供たちによってこちらが助けられるからです。子供たちを見ていて感じることは、やっぱり希望なんです。『年寄りは、ちいさな子供を見ていると、幸せな気持ちになるんだ』ということがよくわかりました。これはとても大きいことです。『文明の末路』とか、『大量消費文明の没落』とか、『地殻変動期に入った地球に住む運命』とか、悲観的なことをいろいろ論じてみても、『じゃあ、どうしたらいいんだ』というと、答えは出てきません。（中略）子供が成長してどうなるかといえば、ただのつまらない大人になるだけです。大人になってもたいていは、栄光もなければ、ハッピーエンドもない、悲劇すらあいまいな人生があるだけです。だけど、子供はいつも希望です。挫折していく、希望の塊なんです。答えは、それしかないですね」（「あとがきにかえて」『折り返し点』岩波書店）

不安と神経症の時代だからこそ、初源的なものを描く

さて、映画『崖の上のポニョ』につながる様々な出来事を見てきたが、こうして、二〇〇六年春の段階ではすでに『ゲド戦記』後の長編としてジブリがこの作品を制作することがほぼ決まっており、四月より宮崎監督はまず一人で準備作業を自らのアトリエで開始する。五月には作画監督の近藤勝也、美術監督の吉田昇の二人が合流。近藤は『おもひでぽろぽろ』で作画監督、『魔女の宅急便』や『海がきこえる』ではキャラクターデザインと作画監督を務めた実力派。本作の直前にはジブリ美術館の短編『やどさ

がし』で演出アニメーターを担当している。吉田はジブリ作品への参加は『もののけ姫』からだが、その後は社員になり、『ホーホケキョ　となりの山田くん』『千と千尋の神隠し』では美術監督補佐を、『ハウルの動く城』では共同で美術監督を務め、『ギブリーズ episode2』やジブリ美術館の短編『コロの大さんぽ』では美術監督を担当している。

宮崎監督は近藤、吉田とともに三人でイメージボード、美術ボードの作成を始めたが、『ポニョ』は絵柄を変えることが当初から強く意識されており、近藤、吉田の人選も、映像がとても特徴的な前述の美術館短編二本『やどさがし』『コロの大さんぽ』での達成を踏まえてのことだった。そして宮崎監督は六月五日に演出のための「覚書」を脱稿する。作品の狙いやストーリー、キャラクターがまとめられた、企画書と言ってもいい内容の書面だったが、冒頭にはまず、四つの事項が列記されている。

○劇場用長編　目標九十分、一〇〇〇cut
○対象　幼児とすべての人々へ
○内容　類例のない空想豊かな楽しい娯楽作品
○かくされた意図　２Ｄアニメーションの継承宣言

短かめの尺でシンプルかつ豊かな内容を目指す、幼児を第一の対象としながら全世代向けに作る、そして何よりも娯楽作品であることをはっきりと打ち出しており、宮崎監督の並々ならぬ意欲が表れている。そして「2Dアニメーションの継承」とは、3DCGを使わずすべて手描きで動かすことの宣言である。〝アニメーション〟の原義である「命を吹き込むこと」が、この作品のテーマのひとつである生命を描くことと直接結びついて、単なる絵柄の変更ではなく、映画のテーマを実現するための必然的な選択であることをうかがわせる。覚書ではこの四項目に続いて「企画意図」が記されており、要約不能なほどに監督の意図が凝縮された文章だが（本書に「海辺の小さな町」と題して掲載されている文章がそれ）、中でも特に〝ポニョが我儘を貫き通す物語であり、同時に宗介が約束を守りぬく物語である〟と記されているのが目を引く。そして締めくくりの一文、「少年と少女、愛と責任、海と生命、これ等初源に属するものをためらわずに描いて、神経症と不安の時代に立ち向かおうというものである」は、この映画の狙いを最も端的に表している（なお、覚書の全文は単行本『折り返し点』に収録されている）。

七月になって、宮崎監督は再び瀬戸内海の町に約一週間滞在する。途中から近藤、吉田らも合流して、ロケハンの要素も兼ねた旅行となった。そして七月中旬、ジブリ第1スタジオの二階に三人は引っ越し、そこで宮崎駿監督は絵コンテ作業を進めた。その後、色彩設計の保田道世、映像演出の奥井敦ら、いつものスタッフも準備作業に合流する。

絵コンテのAパートは九月五日に完成し、Bパート執筆中の十月二日、監督は映像部門のスタッフを集めて社内説明会を開き、この作品の狙いを改めてスタッフに向けて説明した。

絵本のような素朴なタッチの背景画

本作の映像の特徴は、まず、前述のように3DCGをやめたことである。『もののけ姫』でCG室を開設し、限定的な形ではあれ3DCGを使ってきたジブリだが、今回すべて手描きで動きを表現することにした。社内説明会で宮崎監督はこのように言っている。「濃密になりすぎた画面をすっきりさせて、アニメーションというのは動かしていくんだというところをもう一回取り戻したいと思ったのです。やっぱり最終的に人が惹かれるのは、人間が手で描いた驚きにあると思います。手で描いたいい加減さとか、曖昧さとか、ある種の気分や気持ちが動きの中に出ているとか、そういうことがアニメーションの魅力の源泉じゃないかって思うのです」（劇場用パンフレットに掲載された、社内説明会の話を元にまとめられた文章より）

もうひとつの大きな特徴が、背景画の描き方である。これまで、どんどん緻密な表現を極めてきたジブリの背景画だが、今回は思い切って方針を転換し、絵本のような素朴なタッチで背景を描いている。必ずしもすべてがまっすぐではなく、どこか丸く曲がっている温かな世界。百パーセント手描きの動きとこの温かなタッチの背景画が組み合わさることで、観る者を解放する画面を目指していた。映画全体については宮崎監督は次のように語っている。「海が生き物のようにまるごと動画になっているみたいな表現がきちんとストーリーにおさまったら面白かろうという、非常にスリリングなところを狙ったのが、この映画なんです」(同)

さて、社内説明会の日にそのまま作画インして『崖の上のポニョ』制作は本格的にスタートした。『ポニョ』は手描きで動かすことをテーマとしてきたため、作画枚数は最終的に十七万六百五十三枚になった。これは『千と千尋の神隠し』と比べて約一・五倍の枚数であり、制作スタイルが違う『かぐや姫の物語』を除けば、未だにジブリ作品史上最高である。製作期間も「千尋」とくらべて四カ月長い。

音楽はいつも通り久石譲が担当。宮崎監督の劇場用映画は九作目になるが、今回はフルオーケストラに加え、コーラスを積極的に導入し、よりダイナミックで温かな音楽を生み出している。主題歌『崖の上のポニョ』も久石が作曲しているが、作詞は作画監督の近藤勝也が担当し、宮崎駿が補作している。宮崎は前述の覚書で「あらすじを読むと、まるで血と宿命の大叙事詩のようだが、それは骨格にすぎない。実は明るく愉快な大マンガである。歌が欲しい。たとえばポニョの歌」と書いているが、これは『となりのトトロ』を意識してのことだった。『トトロ』も企画書の段階でみんなが歌える主題歌を付けたい、と宮崎監督は最初から提案しており、そしてあの名曲「さんぽ」「となりのトトロ」が生まれた。『ポニョ』でもそういう主題歌が生まれて欲しいと考えた宮崎監督は、作詞を近藤勝也に依頼。近藤には小さい娘がいるので適任と考えたのだ。ちなみにメインスタッフは、ポニョというキャラクターを具体化していく過程で近藤の娘を大いに参考にしたそうで、彼女はポニョのモデルの一人と言っていいだろう。

公開とその反響

主題歌を歌ったのは藤岡藤巻と大橋のぞみ。大橋は子役として活躍中だったが歌は初めて。藤岡藤巻は元まりちゃんズの藤岡孝章と藤巻直哉が組んで始めた〝おやじエンタテインメント〟を標榜するデュオだが、藤巻直哉は当時、博報堂DYメディアパートナーズでスタジオジブリを担当する現職のサラリーマンでもあった。

キャストは、宗介の母・リサに山口智子、父・耕一に長嶋一茂、ポニョの母・グランマンマーレに天海祐希、父・フジモトに所ジョージ、ポニョに奈良柚莉愛、宗介に土井洋輝、など。いもうと達の独特の声は矢野顕子が一人で演じた。

こうして二〇〇八年六月二十五日に初号試写を終えて、『崖の上のポニョ』は完成した。公開は二〇〇八年七月十九日（土）。全国東宝系四百八十一スクリーンで封切られ大ヒットを記録、興行収入は百五十五億円に達し、その年のナンバーワンとなった。前述の主題歌『崖の上のポニョ』も大ヒットし、映画の宣伝に大いに貢献した。宣伝については、二〇〇七年十月からスタートしたＴＯＫＹＯ ＦＭのラジオ番組「鈴木敏夫のジブリ汗まみれ」も新しい媒体として活用された。主題歌が初めて披露されたのはこの番組であり、『ポニョ』公開後も多彩なゲストを招きながらその時々の旬なジブリの話題や、様々なテーマを採り上げて現在も放送中である。

映画の宣伝が主目的ではないがそれとの連動も意識して、東京都現代美術館では公開時期に、『ポニョ』を始めとするジブリ作品やジブリ以外の高畑勲・宮崎駿両監督作品のレイアウトを一堂に集めた『スタジオジブリ・レイアウト展』が開催された(二〇〇八年七月二十六日～九月二十八日)。同美術館では前年に『ジブリの絵職人　男鹿和雄展』を開催し多くの人を集めたが、『レイアウト展』も好評で、長期に亘り日本各地や海外を巡回しさらに多数の観覧客を動員。その後も様々な企画の展覧会が続き、スタジオジブリの関連事業の一分野として展覧会は広がりを見せていった。

『ポニョ』の展示については、ジブリ美術館で本作だけをテーマとした企画展示『崖の上のポニョ展』が公開翌年の二〇〇九年五月二十三日から二〇一〇年五月九日まで開催されている。ジブリ作品の新作を単独で採り上げる企画展示は実は開館時の『千と千尋の神隠し展』以来で、企画・原案を務めたのは宮崎監督自身。「エンピツで映画をつくる」というサブタイトルが付けられた同展は、『ポニョ』の制作過程を多数の制作資料を用いて展示し、アニメーションの原点である絵を動かすことの醍醐味と、制作スタッフが本作に投入した膨大なエネルギーの凄さが感じられるものになっていた。

さて、本作は前作同様に海外でも順次公開されたが、北米公開では新たな試みとして、スピルバーグ作品のプロデューサーとして知られたキャスリーン・ケネディとフランク・マーシャルにプロデュースを依頼。この二人に加え、毎回お世話になっているピクサーのジョン・ラセター監督の計三人がエグゼクティブ・プロデューサーとなり、これまでの作品とは異なるスケールで北米公開は実施された。英語吹替版には、ケイト・ブランシェット（グランマンマーレ）、マット・デイモン（耕一）、リーアム・ニーソン（フジモト）といった、日本でも著名な実力派俳優が出演。また、英語吹替版の脚本は『E.T.』で有名なメリッサ・マシスンが担当した。二〇〇九年八月十四日（金）に九百二十七スクリーンで封切られ、ジブリ作品としては初めてトップ・テン入りを果たし、批評も軒並み高評価だった。最終的な興行成績はそこそこの数字に留まったが、これ以降もジブリは北米公開のプロデュースをケネディ&マーシャルに依頼することになる。なお、ケネディは後に、ディズニーに買収されたルーカス・フィルムの社長となった。

ジブリ美術館スタッフの社員化と新社長の着任

さて、『ポニョ』を制作している間、企業としてのジブリにはいくつかの変化があった。まず、二〇〇八年二月一日に新社長・星野康二が就任した。二〇〇五年の徳間書店からの独立後、スタジオジブリの社長はずっと鈴木敏夫だったが、鈴木はより制作に専念するため社長職を星野に譲り代表取締役プロデューサーに就任。星野はディズニーの日本法人のトップを務めた人物で、ジブリとはその時点で十年来の付き合いがあった。ジブリを事業面から支えるべく鈴木の要請で星野は社長を引き受けた。星野は二〇一七年十一月現在も社長を務め、会社としてのジブリを取りまとめている。

もうひとつは、二〇〇八年四月に行われたジブリ美術館スタッフの社員化である。スタジオ部門は『おもひでぽろぽろ』制作中に契約スタッフの社員化が実施されたが、美術館スタッフは二〇〇一年の開館以来、基本的にはアルバイトスタッフ中心で運営されてきた。しかし、宮崎駿館主はそれがずっと気掛かりになっており、財政的な負担は増えるものの、この年、ついにこちらも社員化を行った。

スタッフについては、スタジオ部門でも新しい試みがこの頃行われた。『ポニョ』制作中に立案された「西ジブリ」がそれで、東京は情報が多すぎて新人の成長には不適当、だから地方で集団で新人を養成しようと企画されたプロジェクトだった。『ポニョ』公開中の二〇〇八年夏から秋にかけて募集・選考を行い作画の新人を二十数名一気に採用、愛知県豊田市にあるトヨタ自動車株式会社の本社技術部門の一室を借りて、実作を通して養成を実施、その間、先生役&スタッフとして小金井のスタジオから数名が豊田市に赴任した。西ジブリは美術館短編『たからさがし』の制作など一定の成果を挙げ二〇一〇年八月に撤収、メンバーは小金井のスタジオ勤務となった。なお、同年春にはさらに十数名の作画の新人が入社している。

一方、スタジオジブリ仕上部門の責任者を一貫して務め、高畑・宮崎作品を長年にわたって支え続けてきた保田道世は、ひとつの区切りがついたとして『ポニョ』完成後の二〇〇八年暮れに、惜しまれつつ一旦ジブリを退社した。しかし、後に宮崎監督は『風立ちぬ』制作にあたりどうしても保田の力が必要ということで再登板を要請、保田は再び色彩設計を担当した。残念ながら二〇一六年十月に病により保田は逝去したが、この『崖の上のポニョ』でも鮮やかな色使いでその力は遺憾なく発揮されている。

汗まみれジブリ史

今だから語れる制作秘話！

きっかけは社員旅行。トトロを上回るキャラを目指して

鈴木敏夫
（スタジオジブリ　代表取締役プロデューサー）

鞆の浦への社員旅行

『ハウルの動く城』を作り終え、疲労困憊していた宮崎駿を見て、何か新しい環境が必要だと思ったんです。宮さんという人は、これまでも新しいものに触れると、そこからエネルギーを吸収して、新しい作品を生み出してきました。今回も見知らぬ土地を旅して、そこが気に入れば何か生まれるかもしれない……そんなことを考えていたとき、ピースウィンズ・ジャパンというNGOから、「鞆の浦へ来ませんか」という誘いを受

けたんです。

ピースウィンズ・ジャパンはイラクなど世界の紛争地や、東日本大震災など災害の被災地で人道支援を中心に活動している団体です。その創設者の大西健丞くんと、ジブリの海外事業部で働いている武田美樹子が大学の同級生という縁があって、彼らとは親しく付きあってきました。

そのピースウィンズ・ジャパンの拠点というのが、瀬戸内海の鞆の浦だったんですね。鞆の浦という土地は古くから海運の要衝で、坂本龍馬の「いろは丸事件」の舞台としても知られている美しい港町です。かつては大いに栄えていたんだけれど、いまはすっかり寂れてしまった。大西くんとしては、何とかしてそこにもう一回光をあて、世間にアピールしたいと考えていた。そこで彼は、とんでもない提案をしてきたんですよ。

「宮崎監督以下、ジブリのみなさんで鞆の浦へ来て、ここで映画を作ってくれませんか」

そうはいっても、映画作りには何百人ものスタッフが関わります。全員を鞆の浦へ引き連れていって制作するというのは、さすがに無理がある。でも、そのとき僕はふと思いついたんです。映画制作は難しいけれど、旅行に行くのはいいかもしれない。きっと宮さんにもいい刺激になる——。

そこで、僕は大西くんに逆提案をしました。「作品を作るのは難しいけれど、ジブリは毎年、社員旅行というのをやっている。その場所を鞆の浦にするというのはどうかな？」。そうしたら「それでも構わないです。ぜひ来てください」ということになって、トントン拍子で話が進むことになりました。

「いまどき社員旅行？」と思う人も多いかもしれません。僕も始めた当初は「みんな嫌がるかな」と思ったんですけど、これが大間違い。みんなこぞって参加したがって、社員の家族も含めて総勢三百人ぐらいになったこともあります。みんなが大広間にずらりと並んだ姿を見たときは、この全員の生活がジブリという会社にかかっているんだなと思って、さすがの僕もおそろしくなりました……。

ちなみに、社員旅行といっても、行った先では自由行動。それぞれ名所を観光したり、グループで遊びに行ったり、好きにやっています。ただ、ひとつだけルールがあります。朝ご飯と夜ご飯は必ずみんなで「いただきます」と言って、いっしょに食べる。これだけはずっと守っています。アニメーションの制作というのは共同作業。こうやって年に一回みんなで旅行に行くというのも、けっこういい効果をもたらした気がします。

鞆の浦へ行ったのは二〇〇四年の秋のこと。宮さんは「行き先は毎年、京都でいいんだ」と言っていたぐらいの人ですから、「瀬戸内海はどうですか？」と言ったときは、あんまり乗り気じゃありませんでした。でも、大西くんたちにいろいろ案内してもらううちに、宮さんもすっかり鞆の浦という土地を気に入ってしまった。

スタッフの中には尾道や広島へ脚を延ばす人もいましたが、僕らは大西くんたちのクルーザーに乗って海からの眺めを楽しみました。じつはこのとき、ちょっとクルーザーの操縦をさせてもらったんですよ。クルーザーって、アクセルを開けると海面から舳先が浮き上がるように走るじゃないですか。その結果、船体が思いっきり傾いて、岸から見ている人たちは「転覆するぞーっ！」と大騒ぎしていたそうです。一方、いっしょに乗っていた宮さんは「ぼ、暴走族！」と悲鳴をあげていました（笑）。

そんなこんなで、楽しい二泊三日の旅はあっという間に終了。東京へ帰ってくると、宮さんは「鞆の浦よかったよ。あそこにしばらく逗留できないかな」と言いだしました。じつは以前から、宮さんには田舎町に長逗留したいという願望があったんです。

鞆の浦で案内してもらった場所のひとつに、地元の名士のかたの家の離れがありました。ちょっと雰囲気のある古い建物で、いまは誰も住んでいないということでした。そこに滞在させてもらえないか相談したところ、大西くんが段取りをつけてくれました。そして、翌年の春から二カ月間、宮さんはそこで暮らすことになったのです。毎日散歩をして、海を眺め、絵を描き、ご飯を作って食べる。朝起きてから夜寝るまで、毎日それだけを繰り返すシンプルな生活。町の人たちとも知り合いになって、本当に居心地がよかったようです。

そんなある日、町のはずれにある古本屋に行って書棚をつらつら眺めていると、ふと一冊の本が目にとまった。夏目漱石の『門』でした。主人公の名前は野中宗助。妻と弟の三人で崖の下の小さな借家に住んでいます。小説を読み進めるうちに、宮さんの頭の中にひとつのタイトルが思い浮かんできた。僕が様子を見に鞆の浦へ行くと、「鈴木さんさ、思いついたよ」と言います。「『崖の下の宗介』っていうんだ」「へえ、いいじゃないですか」。あれこれ話すうちに、「やっぱり下より上のほうがいい」ということになって、『崖の上の宗介』という仮のタイトルができました。

東京に戻ってきた宮さんは、さっそく本格的な準備に入ります。そこでも、宮さんは新しい環境を求めて、いつものアトリエではなく、ジブリ美術館の展示物を作るための施設、通称〝草屋〟で作業を始めました。

鞆の浦で海を見ながらいろいろとイメージを膨らませていたんでしょう。「こんどの主人公は海からやって来る」ということがまず決まりました。次に宮さんが言いだしたのが、「トトロを上回るキャラクターを作りたい」ということでした。宮さんという人は映画を作るとき、必ず何か目標を設定するんですけど、それが今回は〝キャラクター〟だった。

アニメーション作家って、やっぱり自分が過去に作ったキャラクターを超えたいものなんですね。ただ、それはなかなか難しい。あのウォルト・ディズニーも、最後まで「ミッキーマウスを超えるキャラクターを作りたい」と願いながら、結局かなわなかった。だから、宮さんがそれを目標にがんばってくれるのはいいけれど、正直トトロを超えるのは大変だろうなと思っていました。

実際、キャラクター作りは難航しました。そんなとき、偶然目に入ったのが、むかし子どもたちがお風呂の中で遊んでいた金魚のじょうろみたいなおもちゃでした。それをヒントに描いたところ、いいキャラクターができあがった。絵の感じからすると、柔らかくて、触るとポニョッとしていそうです。そこから、「ポニョ」という名前がついて、タイトルも『崖の上の宗介』から『崖の上のポニョ』へと変わったんです。

保育園を作ろう！

キャラクターが決まったら、次はお話。ポニョは海からやって来て、宗介と出会う。宮さんの映画はいつもそうなんですけど、女の子と男の子が出てきて、出会ってすぐにお互いを好きになる。それから、いろんなことが起きるわけですけど、今回はメインとなる舞台を保育園にしようということになった。宮さんはずっと前から保育園の映画を作ってみたかったんですね。

映画を仔細に見てもらうと分かりますけど、序盤は保育園を舞台に映画が進んでいく雰囲気が残っています。ところが、途中から様子が変わって、保育園の話はどこかへ行ってしまう。なぜなのか？

じつは、ちょうど宮さんが絵コンテを描き始めたころ、アトリエの隣にトランクルームができるという話が持ち上がりました。土地の整備が始まったのを見て、宮さんは顔色を変えます。というのも、宮さんと奥さんは、自分たちの手で保育園を作りたいという夢をずっと温めていて、できればアトリエの近隣で……と考えていたんです。

ある日、宮さんが僕の部屋へやって来ました。「保育園の映画を作ろうと思っていたけど、やっぱり本物の保育園を作りたい」。真剣な表情です。奥様とも久しぶりにお目にかかって、「鈴木さんも協力してほしい」と直接頼まれました。

宮さんはこれまでも映画を作りながら、いろいろな建物を作ってきました。『紅の豚』のときはジブリの第一スタジオ、『千と千尋の神隠し』のときはジブリ美術館。そして、こんどは保育園。小さな子どもを抱えるスタッフも増えていましたし、たしかに近くに保育園があれば便利です。そこで、アトリエの隣の土地を購入し、保育園の建設に乗りだすことにしました。目的は、あくまで〝社内保育〟でした。たまたま僕の娘の友だちに保育士さんがいたりもして、いろんな人の力を借りて計画は進んでいくことになります。

その間、映画のほうはちょっとほったらかしになっていたんですが、建設計画が軌道に乗ったのを見て、宮さんも一安心。絵コンテの作業に戻ったんですが、そこで問題が起きます。保育園の映画を作ろうと思っていたけど、本物を作ることになってしまったじゃないですか。その段階で、本人の中では保育園の話はもう終わった気分なんです。「さあ、どうしよう?」ですよね。冒頭から保育園のシーンまでは、もう作画に入っちゃっているから、それをなしにするわけにはいかない。それを踏まえて、次の話を考えた結果、ストーリーは二転三転。ポニョが津波に乗って宗介に会いにくるというシーンにつながっていきます。

宮さんの場合、絵コンテと作画を並行して進めていくから、そういうことはまま起こります。無理矢理にでもストーリーを展開しなきゃいけなくなった結果、「よくそんなことを考えるなあ」という奇想天外なお話が展開していく。辻褄合わせの天才というのか、方向転換は自由自在な人で、いつものことながら、ほんと感心します。

亡き母親との再会と、幻のシーン

それで物語が順調に進んでいくかと思いきや、もうひとつ問題が起きました。ある日、宮さんがこんなことを言いだしたんです。

「鈴木さん、おれはきっと七十三歳で死ぬよ。お袋がそうだったから……。死んだら、あの世でお袋と再会する。そのとき、最初に言うべき台詞って何だろう?」

冗談じゃなく、そういうことをまじめに考える人なんです。当時、宮崎駿は六十六歳。どうやって死を迎えるか、心の準備をしておきたかったのかもしれません。ただ、考えるあまり深みにはまって、スランプに陥ってしまった。

昔から宮さんの中では亡くなったお母さんの存在が大きくて、作品の中でもたびたびモチーフにしてきました。たとえば、『ラピュタ』に出てくるシータという少女と、ドーラというおばさん。あれは宮さんの中で、どっちもお母さんなんですよ。シータが歳をとるとドーラになる――それが宮さんの理屈です。『ポニョ』に出てくるおトキさんも、その延長線上にある人です。今回は、そのおトキさんが問題になった。

終盤、おトキさんをはじめ、デイケアセンターのおばあちゃんたちが、あの世みたいなところへ行くでしょう。当初の絵コンテでは、そのシーンが延々描かれていたんです。みんな身体が自由に動くようになって、〝かごめかごめ〟をやったりしてずっと遊んでいる。そこに、ものすごく長い尺を使っていました。

自分が〝あの世〟を見たいから描いたんでしょうけど、映画のバランスを考えると、さすがに長すぎた。仕方なく、プロデューサーとしてレフェリーストップをかけました。「宮さん、このシーンが大切なのは分かりますけど、宗介とポニョの話が吹っ飛んでます。もうひとつ、このままいくと尺が延びすぎて、公開に間に合いません」

すると、宮さんもハッと我に返ったようで、「そうか……」と受け入れてくれて、何とか事なきを得たんです。

あの幻のシーンをそのまま描いていたら、どういう映画になっていたんだろう？

そのほうがファンにとっておもしろかった可能性もあるんじゃないか？　自分は宮さんのやりたいことを止めちゃっているんだろうか？　そう思うこともあります。

作家にとって編集者が最初の読者であるように、映画監督にとってプロデューサーは最初の観客。絵コンテを見たら感想を言わなきゃいけないし、方向性がずれていると思ったら意見することも必要です。ただ、それが必ずしも正解とは限らない。たとえば、フェリーニなんかを見てると、ほんと好き放題に作ってますよね。それによって観客は置いてきぼりにされることもある。でも、何かすごいものが出てくるかもしれない。それを〝常識〟で止めていいのか？　悩ましいところです。

僕はいつも宮さんに常識を言うんです。『ポニョ』でも、ラストシーンで悩んでいる宮さんに、「普通、海からやって来たら海へ帰るんじゃないですか」と言いました。そうしたら、宮さんは「いや、帰らせない」と言って、ああいうエンディングになったんですけどね（笑）。

制作中、もうひとつ印象深かったのが、リサ役をやってくれた山口智子さんの演技でした。じつは、配役の中でいちばん難航したのがリサだったんですよ。宮さんも僕も、いまどきの女優さんについては、ほとんど知りません。そこで、いろんな人の声を集めてもらって、片っ端から聴いていきました。すると、若い女優さんに共通するある特徴が見えてきた。みんなどこか思い詰めた感じでしゃべるんですね。そして、一言しゃべったあとに必ず息を吐く。あとから気づいたんですけど、ドリームズ・カム・トゥルーの吉田美和さんの歌い方にも、共通した思い詰め感があります。もしかしたら、彼女の歌唱法が女優たちに影響を与えているのかもしれません。

ただ、その中でひとりだけ、まったく違うしゃべり方をする人がいた。宮さんと僕が同時に「この人だ！」と言ったのが、山口智子さんでした。いい意味で〝普通の芝居〟ができる。

名前は何となく知っていましたけど、ドラマの『ロングバケーション』は見たことがなかったし、どんな女優さんなのか、事前にはまったく知りませんでした。実際お目にかかってみると、女優然としたところはなく、じつに気さくで自然体な人でした。あれこれ話をしているうちに、すっかり友だちになってしまって、その後も交流が続くことになりました。

主題歌大ヒットの陰で……

『ポニョ』を語る上で欠かせないのは、やっぱり主題歌。宮さんは最初から「今回は歌がほしい」と言っていたんです。トトロの「さんぽ」のように、後々まで歌い継がれるような主題歌を作りたい――。

そこで、久石譲さんとも早い段階から打ち合わせをしました。じつは久石さん、『崖の上のポニョ』というタイトルを聞いた瞬間、その場でメロディが浮かんでいたそうです。ただ、あんまり簡単に「このメロディはどうですか」と言って否定されるといけないから、そのときは内緒にしていたんですね（笑）。

宮さんがイメージしていたのは、お父さんと子どもがお風呂に入るときに、いっしょに口ずさめるような歌。そこで、作画監督の近藤勝也くんに詞を任せることになりました。というのも、ちょうど彼の娘のふきちゃんが保育園に通っていて、宮さんもすごくかわいがっていたんです。彼ならイメージに合うものが書けるんじゃないかということでお願いしたところ、ぴったりの詞をあげてきてくれました。久石さんのメロディともうまくかみあって、すごくいい楽曲ができました。

問題は誰に歌ってもらうかです。そこで僕が思いついたのが藤巻直哉でした。藤巻さんは博報堂の社員で、ジブリ映画の製作委員会のメンバー。これがまあ本当に働かない男で、いつものらりくらりと遊んで暮らしている。何とかして彼に仕事をさせるというのが、僕の人生の課題にもなっていたんです。

そんなときに、ポニョの歌の話が出てきた。じつは藤巻さんは学生時代に「まりちゃんズ」というバンドをやっていて、ちょうど『ポニョ』を作っているころに、かつての仲間、藤岡孝章さんといっしょに「藤岡藤巻」として音楽活動を再開していた。しかも、彼には娘が二人いて、子煩悩ではある。

そこで、僕は一石二鳥の手を思いつきます。彼に歌わせたら、いい雰囲気が出るかもしれない。そして、主題歌を歌うとなったら、さすがの彼も映画の宣伝に一所懸命にならざるをえない——。

お父さん役は藤岡藤巻にするとして、子ども役はどうするか？　そのとき浮かんだのが大橋のぞみちゃんでした。彼女はポニョの声のオーディションに来ていて、残念ながらそちらでは起用されなかったんですが、この歌にはぴったりの雰囲気を持っていた。じゃあ、のんちゃんと藤岡藤巻を組み合わせたらどうなるか？

さっそくスタジオに藤巻さんを呼んで、試しに歌ってみてもらうことにしました。宮さんには内緒でやっていたんですが、気配を感じてハッと後ろを見たら、本人が立っています。しかも、顔が笑っていない。

「鈴木さん、なにやってるんですか」「仮歌で、どんな感じになるか確認しようと思って……」とごまかしたんですけど、「おふざけもいい加減にしてください！」と怒りだしてしまった。ところが、スピーカーから流れてくる藤巻さんの歌声を聴くうちに、「あれ!?」と言って、宮さんの表情が変わっていったんです。

藤巻さんが録音ブースから出てきたときには、宮さんもすっかり上機嫌。「藤巻さん、意外にいいよ。いけるかもしれない」と褒めている。さらに、のんちゃんの歌声と重ねてみたら、これまたいい雰囲気で、宮さんもすっかり気に入りました。

僕としては、宮さんさえ説得できれば何とかなると思っていたんですが、今回はそれではすまなかった。久石さんに「藤巻さんでいこうと思ってるんです」と話したら、その瞬間、顔色が変わっちゃったんです。ただ、僕に対する遠慮もあってか、直接異議を唱えることはありませんでした。

レコーディング本番の日。藤巻さんはいつものとおり、気楽な調子で歌いだします。最初は黙って聴いていた久石さんですが、一番が終わると、ふいに立ち上がり、外に出ていってしまいました。そして、そのまま帰ってこなかったんです。しょうがないから、僕らのほうでそのまま歌入れを続け、レコードは完成することになりました。

その一件から、何となく久石さんとは会いにくくなってしまい、次にお目にかかったのは『ポニョ』の主題歌発表記者会見のときでした。その場で大橋のぞみと藤岡藤巻に生で歌ってもらうという段取りです。久石さんも来てくれるには来てくれたんですけど、僕とはいっさい口をきいてくれない。本気で怒っていたんですね。

弱ったな……と思いつつ、プロデューサーとしては、何とかこの発表を成功させなければいけない。そこで思いついたのが、藤巻さんを緊張させるという作戦です。藤巻さんは誰の前に出ても物怖じしない反面、態度が不遜に見えることがあります。大事なお披露目の場で、それが出たら何もかもおじゃんになってしまいます。

そこで、僕は藤巻さんに「トイレ行った？　舞台で行きたくなったら大変だから、行っておいたほうがいいんじゃない?」と言いました。彼は「そうですね」と言ってトイレに行く。帰ってきてしばらくすると、もう一回同じことを言う。それを三回ぐらい繰り返しているうちに、彼が珍しくあがってくるのが分かりました。こうなればしめたものです。

実際、舞台にあがると、態度がいつもと違っていました。真剣に歌ったんです。それがみんなの心を打った。誰より一番心を打たれたのが久石さんでした。会見が終わったあと、久石さんは僕を呼び止めて言いました。「鈴木さんがあの二人を選んだ理由、今日初めて分かりましたよ」。そう言ってもらったときは本当にうれしかったし、これで歌も映画もうまくいくと安心しました。

ところが、この歌、当初はさっぱり売れなかったんです。発売元のヤマハさんの希望もあって、映画公開の半年以上前にリリースしたんですけど、僕は「その時期じゃ、ぜったいに売れない」と言いました。過去の数字を見ても、CDが売れ始めるのは、判で押したように映画公開の直前だったからです。

実際、初回プレス三万枚のうち、六月までに売れたのはわずか三千枚。途中でヤマハの担当者が「宣伝しましょう」と言ってきたんですが、僕はあえてそれを止めました。僕が考えていたのは、公開直前になったら、過去に例がないほどの圧倒的な量の広告を打つという作戦です。

広告の露出量を測る指数にGRP（グロス・レイティング・ポイント）というものがあります。音楽でその最高値はどれぐらいなんだろうと思って調べてもらったところ、だいたい二千GRPぐらいだった。それを一万GRPまで持っていったらどうなるか？ちょっと実験してみたい気持ちもあったんです。

実際に宣伝を開始すると、その効果たるや、すさまじいものがありました。それまで半年で三千枚しか売れなかったのが、毎日一万枚のペースで売れていく。結果、シングルは五十万枚まで伸びました。もうCDは売れないと言われていた時代ですから、立派な数字です。さらにすごかったのがネット配信でした。当時は携帯電話の「着うた」というのが流行っていたんですが、そこで飛ぶように売れて、最終的にダウンロード数は四百九十五万まで伸びました。

それでも、映画のヒットを心配する関係者は大勢いました。「歌が売れるのはいいことだけど、それはあくまで子ども向け。大人にはどうやってアピールするんだ？」。そんな意見もありました。ただ、僕としては、歌がヒットすれば映画もうまくいくと考えていたんです。予告編も歌を中心に作り、とにかく歌で押していきました。やがて、街中や会社、至るところで、♪ポーニョ、ポニョ、ポニョという歌が聞こえてくるようになり、ヒットを確信しました。

七月末の公開直後から、『ポニョ』はものすごい観客動員数を叩きだしました。じつは僕の中では、本当の勝負はお盆からだったんです。その前の二週間ほどは、いわば有料試写会。そこで見た人が評判を広めてくれて、徐々にヒットしていく――そんな見込みを立てていました。ところが蓋を開けるとおそろしいほどの初速で、八月までの数字でいうと、『千と千尋の神隠し』に勝るとも劣らない勢いでした。

宮崎駿には〝枯れる〟才能がない⁉

いまあらためて見ても、『ポニョ』の冒頭のシーンはすごいですよね。あれをぜんぶ手で描いていたと思うと、つくづく感心します。宮崎駿は今年（二〇一七年）七十六歳。もういちど長編を作るなんて言ってますけど、あの創作意欲はいったい何なんだろうと不思議になります。

映画監督には二つのタイプがあると思うんです。歳に応じてうまく枯れていく人と、枯れるなんてことはいっさい考えず、そのまま突き進む人。たとえば、黒澤明さんなどは、本人が枯れたいと思ったがゆえに悲劇が起こったケースじゃないでしょうか。黒澤さんの真骨頂といえば、何といってもダイナミックな戦闘シーンでしょう。でも、ご本人は枯れていくことを望んで、『影武者』では戦闘シーンを描かなかった。それで批判されて、晩年の『乱』では一転、戦闘シーンを描きます。でも、映画全体のテーマは「この世は虚しい」というものでした。

宮崎駿の場合も、本人は枯れたいと思っているんですよ。ところが、枯れる才能がないというのか、描き始めると、結局は力みなぎる作品を作ってしまう。

たとえば、『ポニョ』でいうと、宮さんは波をほとんどひとりで描いていました。新しい波の表現にこだわったんです。そもそも、いま日本のアニメーターが使っている波の描き方って、『未来少年コナン』で宮さんが発明したものなんですよ。それが広まってからすでに数十年。宮さんとしてはそろそろ新しい波を作ってやろうと考えた。試行錯誤の結果、おもしろい波の動きができた部分と、あまりうまくいっていない部分がありますけど、宮さんという人は、いつもそうやって新しい表現を探求し続ける技術者でもあるんです。

宮さんの中には、『ポニョ』という作品を通じて、アニメーションをもういちど子どもの手に戻したいという気持ちがありました。それは成功したと思います。ただ、僕はあの津波の描写を見て、「これって本当に子どものためのものなのかな?」と思ったのも事実です。あの表現には、ある種の狂気も宿っていますよね。

その後、三・一一が起きたときに、『ポニョ』という作品の予見性が云々されたりもしました。たしかに宮崎駿の映画では、劇中で描かれたことが、実際に起きることがままあります。

もともと宮さんにはペシミスティックなところがあって、栄枯盛衰の〝栄〟〝盛〟を見ると、必ず〝枯〟〝衰〟を想像する人なんです。だから、映画の中でもそれを描く。時代がバブルで浮かれているときも、宮さんは常に大量消費社会を批判してきました。冷静に考えれば、そんな時代がいつまでも続くわけはないんで、栄のあとには必ず枯が来る。だから、宮さんが描いたことが現実になるのは、偶然でもあり、必然でもある。僕はそんなふうに考えています。

『ポニョ』という作品が、宮崎駿にとってどういう意味を持っていたのか？　それは僕にも分かりません。ただ、もしかしたら、本人の中ではまだ『ポニョ』が続いているのかもしれません。というのも、宮さんが「ポニョの続編をやりたい」と言いだしたことがあるんですよ。僕はそれを断ち切るようにして、『風立ちぬ』へと進んでいくわけですけど……プロデューサーというのは、やっぱり因果な仕事ですね（苦笑）。

（インタビュー・構成　柳橋閑）

すずき・としお●一九四八年名古屋市生まれ。株式会社スタジオジブリ代表取締役プロデューサー。慶應義塾大学卒業後、徳間書店入社。『月刊アニメージュ』編集部を経て、八四年『風の谷のナウシカ』を機に映画制作の世界へ。八九年よりスタジオジブリ専従。著書に『仕事道楽　新版　スタジオジブリの現場』『ジブリの哲学』『鈴木敏夫のジブリ汗まみれ』『風に吹かれて』『ジブリの仲間たち』など。最新刊は『ジブリの文学』。

海辺の小さな町

〜監督企画意図〜

海に棲むさかなの子ポニョが、
人間の宗介と一緒に生きたいと我儘をつらぬき通す物語。
同時に、五歳の宗介が約束を守りぬく物語でもある。
アンデルセンの「人魚姫」を今日の日本に舞台を移し、
キリスト教色を払拭して、幼い子供達の愛と冒険を描く。
海辺の小さな町と崖の上の一軒家。
少ない登場人物。

いきもののような海。
魔法が平然と姿を現す世界。
誰もが意識下深くに持つ内なる海と、
波立つ外なる海洋が通じあう。
そのために、空間をデフォルメし、絵柄を大胆にデフォルメして、
海を背景ではなく主要な登場人物としてアニメートする。
少年と少女、愛と責任、海と生命、
これ等初源に属するものをためらわずに描いて、
神経症と不安の時代に立ち向かおうというものである。

宮崎 駿

Part2

『崖の上のポニョ』の制作現場

3DCGを使わずにすべて手描きでいくことになったため、作画枚数は十七万枚を超え、それまでのジブリ作品の中では史上最高に。

　特筆すべきは水や風の表現である。海を生きているもののように扱いたかったため、光や影、泡や飛沫を細かく描くうえに、セル画と背景画が密接に絡む場面も多く、セルで描いた水と背景が互いに歩み寄らなければならない。これまで長編作品では使ったことのないクレヨンや色鉛筆、パステルなどの画材も使いながら、スタッフたちの試行錯誤は続いた。

　実はポニョのモデルは作画監督の近藤勝也の娘だったというエピソードも。

監督

宮崎 駿

『崖の上のポニョ』のすべてを語る

シンプルな物語設定と、これまでにないアニメーションによる映像表現。この作品に込めた思いを公開直後の監督に聞いたロングインタビュー。

ポニョという生き物を宗介が直感で受け入れて互いに思いを貫く物語です

真っ赤なさかなの子ポニョと、五歳の少年・宗介との物語を描いた『崖の上のポニョ』。しかし宮崎監督が初めに考えていたのは、さかなの子のお話ではなかったらしい。

「思いついたいろんなピースを組み合わせて、これがひとつのジグソーパズルになるのか悩んでいた時期がありました。中川李枝子さんの絵本『いやいやえん』をモチーフにして、『崖の上のいやいやえん』という保育園の話にならないかとか。並行して、カエルのキャラクターを登場させようとしていたんです。でもその後、社内施設用ですが本物の保育園を作ることになったし、カエルは今までにも随分キャラクターになっていますからね。描いていてもあんまり面白くなかった。金魚のほうが、お風呂のおもちゃにもなっているからポピュラーだろうと。それで、ポニョは金魚になっていったんです」

海から来る、さかなの子ポニョ。それには人間になろうとする『人魚姫』のイメージが重ねられている。

「九歳の時にアンデルセンの『人魚姫』を読んだんです。あの話は、最後に人魚姫は魂がないからと言って、泡になってしまうでしょう。それが全然納得できなくて、いまだあういうキリスト教的な考え方は許せない気がしていたんです。『人魚姫』に限らず、日本にも『つる女房』だとか、人間と他の生き物が愛で結ばれる異種婚礼譚は随分ある。日本の場合、他の生き物を受け入れる境界線はもっと低いんです。おそらくそういう精神的な伝統を持っているんでしょうね。だから今回はそういう愛をハッピーエンドとして描いてみようと思いました。ハッピーエンドかどうかは、観る人によって受け取り方が違うでしょうけれども」

ではそのポニョを受け入れる宗介少年は、どのような子供なのか?

「宗介は五歳なんですが、五歳というのは言葉にはできないけれども、感じ取るということに関しては大人を超える直感力を持っていると思うんです。それが文字を覚えて言葉に変換しようとした途端、何かを失っていく。そのギリギリの年齢が五歳だと僕は思ったんですよ。宗介がポニョと出会った時、彼は気絶したポニョをバケツに入れて蘇らせようとする。気がついたポニョは、いきなり口から出した水を宗介にかけるんです。そこで宗介が、悲鳴を上げて飛びのくような子だったら、ふたりの関係は成立しない。その後もポニョは人と会うたびに水をかけるんですが、嫌がらなかったのは彼だけなんです。つまり直感的に宗介は、ポニョを受け入れたんだと。その反応からして彼は異常なんです（笑）。でもあそこを観る人が平気で通り過ぎてくれたら、宗介はいてもおかしくない子になると思うんです」

そうしてポニョは宗介を〝好き〟と思い、宗介はポニョに〝守ってあげるね〟と約束する。このふたりの心の結びつきが全編を支えている。

「そこが一番大事な点ですね。約束は守れないものなんですよ。例えば子供がヒヨコを手に入れて、自分でなんとか守ろうとする。でもヒヨコは死んでしまうということがありますよね。子供は次々と約束を守らずに育たざるを得ないんです。でもこの映画では、とりあえず守りきった子供を描いてみたいと思いました。でもそんな子供が本当にいるのか。こういう映画を作る時、僕は周りの子供を随分観察するんです。すると子供には誰でも、約束を守ろうとする志向性が初めからあるんですね。ただ現実はなかなか上手くいかないけれども。そのことが実感できなければ、これは作れないですよ」

この映画はそんな宗介とポニョとの想いで貫かれているためか、語り口にも迷いがな

い。そこが通常の物語展開を解体させ、迷走している感じもあった前作『ハウルの動く城』とは違っている。

「『ハウルの動く城』の時には、ものすごく考えたんです。でも原作者のダイアナ・ウィン・ジョーンズさんの罠にかかって出口がなかった（笑）。結局あれは、原作者が作ったルールの中で成り立つ世界なんです。それはゲームですから。そのルールを語らないで映画の中で生きた人間を描こうとするのは、とてもしんどかった。あんなに頭を使ったことはないですね。だから今回はものすごくわかりやすい映画にしようと思いました。今回もいろいろルールはあるみたいだけれども、基本的には宗介とポニョが感じて、自分のしたいことをやってくれればいい。それだけを考えましたから、迷わずに済んだんです」

今までの領域を超える水の表現をしましたから
最初はためらいました

『崖の上のポニョ』にも、描かれる世界には独自のルールがある。それは魔法が当たり前に存在するポニョが棲む海の中と、宗介が暮らす現実の地上とに作品世界が分かれていることだ。特に今回は魔法によって変貌する、生き物のような海の水の表現に宮崎監

督はこだわった。

「こんな映像が成り立つのだろうかと思う部分が、いろいろありました。例えば波が、黒い魚になる場面がある。それは波なのか、魚なのか。飛沫が、水粒や小さな魚に見えることもありますしね。それも一方では僕らと同じリアルタイムの時間が流れているけれど、見る人間によってはそれが巨大な水滴がフニャフニャした魚に見えるというように、同一画面の中で時間軸がゆがんで存在することを表現していくんです。これは、物事を正確に考える人間にはできないことですよ。僕も今まで自分たちがやってきたことの領域を超えていますから、最初は随分ためらいがありました。でもスタッフが僕よりはるかに無責任で〝面白いじゃないですか〟と言ってくれたので、何とかできたんです(笑)。映画を作り終わる前にある段階まで来た時、美術監督の吉田昇君と〝随分遠いところまで来たような気がしますね〟という話をした記憶があります。でも終わってみると、初めは危惧していたけれどもやってみたら何でもなかったという気分になりました」

そういう斬新な水の動きを、今回はすべて手描きのアニメーションによって表現している。

「水というのは光ったり影になったりするのを描きこみながら、泡や飛沫も描かなくてはいけませんから、ひどく手間のかかるものなんです。それを今回は鉛筆で描く実線主義を用いて、非常に簡略化した表現でやってみようと思いました。そうしたのは今までのように精密にやっていくことに、限界を感じたからなんです。精密に描くのはラファエロ前派の絵画がとっくにやっている。自分たちはそれをはるか下から見上げていることに気付いて、そこまでのことができないのなら同じ方向に向かっていくのは、美術的なことも含めて止めたほうがいい。この映画では、吉田君が美術監督として持っているきわめて濃厚な幼児性の資質を、全開させるようにしました。そうしたら気持ちが楽になって、もう少し伸び伸びとアニメーションが作れるんじゃないかと思ったんです。方向性としては、とにかく神経質にならないでやろうと。そのためには枚数がいくら多くなってもかまわない。実際十七万枚という作画の枚数は今までで一番多いんですけれど、作っていてとても面白かったですね」

物語もそうだが、作り方の部分でも宮崎監督がここでテーマに掲げたのは、ルールをできるだけ作らず、自由に描くことだった。

「背景に見える木の葉っぱなんて、はるか向こうにあるのにでかく描いてある。それは色鉛筆などで自分たちが描いているから、そんなに小さく描けないんですよ。でも今回は一度パースペクティブ（遠近感）みたいなものを壊して、気楽に描いてみようとしたんです。また吉田君の画は葉っぱが大きくても、そんなことを苦にさせないんですよ。彼がちゃんと描こうとすると、僕は〝もっと幼児性を出してください〟とあえて要求しましたから（笑）。おそらくでき上がった映画も、観る人が気楽に観られる画になっているると思います」

そのような画によって表現された魔法の水中世界と現実の地上世界には、何らかの特別な意味合いが込められているのだろうか？

「いえ、こういうふたつの世界を並べて成り立つのか。もし成り立つのならやっちまえ、というぐらいのことです（笑）。難しく言えば水面下の世界と地上の世界は、あの世とこの世とか生と死とかね。いろんな言い方ができると思います。でも基本的に僕は、五歳の子供が観てわかればいい。五十歳の人はわからなくなるかもしれないけれども、五歳なら理解してくれるというところで、この映画を作ったんです」

現代に生きる拠りどころを考えていったら、女性を描くことになりました

魔法と現実の間を行き来する、心で結ばれたポニョと宗介との物語。こういう設定だけを取り上げると、子供向けのファンタジーに思える。だがそれは作品の表層的な見え方と面白さで、宮崎監督はその中に様々な自分の思いと考えを込めている。それを体現するのが、ポニョと宗介を取り巻く大人たちだ。

「周りの大人たちを単なる引き立て役にするのは、きわめて良くないと思うんです。また小さな子供たちというのは必ず誰かの庇護によって生きているわけですから、庇護する側もきちんと描かないと作品世界が小さくつまらないものになってしまう。だから宗介の母親リサはリサで、ちゃんといろんなものを抱えながら生きているんですよ」

そのリサは、船の船長をして家を空けることが多い夫・耕一に代わり、宗介と家の面倒を見る行動的な現代女性に描かれている。公開前のプレスリリースにも、これは〝母と子の物語〟だと書かれていたが？

「いや事前に書かれたものと、でき上がったものはズレますからね。リサは最初二十五歳に設定したんです。スタッフから、宗介の母親としては若いと言われましたけれど（笑）。でもそのように設定したのは、彼女を自分がどう生きるのかも含めて、親子関係というものを築く途上にいる人として出したかったからなんです。つまり僕の周辺にいる今の母親たちは、いわゆるお母さんではなくて若い女性ですよ。お母さんとは、子供を守ってくれる絶対的な存在です。でも今の母親は、たまたま子供がいる若い女性だと思うんです。だからリサと宗介もお母さんと子供の関係とは少し違いますよね。リサは亭主がいないと、息子を亭主代わりにしてしまうところもありますから（笑）。また次々に非常事態が襲い掛かるこの映画に、湿っぽい日本のお母さんを出したらやっていられないですよ。リサはいざという時のために自家発電機も用意しているし、何もない時のために無線機まで持っている。ポニョが現実の世界に介入してきたことによって、自分たちの町に不思議なことが起こっている。その全体像はわからなくても、彼女はパニックにならずに今を乗り切ろうとする。現代は地質学的にも激烈な時代に入ったと思いますから、そういう時にリサのような母親であって欲しい。そういう僕の願望も、彼女には込められています。災害が起こっても、その中で元気に生きている人を見ると、周りの人は励まされますから」

女性のキャラクターでは、宗介が通う保育園と隣接したデイケアサービスセンター〝ひまわりの家〟で暮らしている、車椅子の老婦人たちも注目される。

「小さい子供たちを描く時に、子供たちの将来に保証を与える存在としてお年寄りたちを登場させることは、世界を安定させるという意味でも大事なことだと思うんです。またあそこに保育園だけあったら、つまらないですよね。本来はああやっておばあちゃんが一緒に過ごせる場所が並んでいるのが、一番望ましいと思うんです。ただあの施設は、町外れの向こうは海しかない場所に建っていますから、それも含めていろいろ思うところはありますけれども」

映画のイメージアルバムに『ひまわりの家の輪舞曲《ロンド》』という唄が収録されている。それは施設で暮らす老婦人たちの心情を歌ったものだが、中に〝お迎えはまだ来ないから〟というフレーズが出てくる。つまり彼女たちが見る海とは、いつか自分たちが行く

彼岸なのかもしれない。

「いや、何にせよ僕はそういうダブルイメージでものを作ってはいないですよ。ただ自分も含めて今の日本は、街を歩けば年寄りだらけですからね。年寄りを描かずして、何を描くんだという気持ちもあるんです。実際に高齢化社会で年寄りは増えているんですから、そういう人たちがいないフリはできませんよ」

老婦人たちの中でも目を惹くのが何かと憎まれ口を叩く、おトキさんというキャラクターである。

「自分のお袋もそうでしたけれども、ああいうおばあちゃんはすごく多いんです。優しい言葉をかけようとすると、つい乱暴な言葉になる。では、そういう人をどのように扱えばいいのか。前にお年寄りの施設にいる青年がラジオに出ていたんですが、〝あんた、意地悪ばっかりするもんじゃないよ〟と注意すると、その女性の人生を否定したことになると。今更性格を変えられるものではないんだから、意地悪な面も含めて受け入れてあげなくてはいけないと言っていました。この話は、自分のことも考えてものすごく身に沁みましたね」

だとすればおトキさんは、宮崎監督の母親の分身なのかもしれない。リサ、おトキさん。この作品では、女性たちが印象深く描かれている。もうひとり、忘れてはいけない女性が主人公のポニョだ。最初は異界からきた不思議な生き物だったポニョは、やがて

宗介と同じ人間になろうとする。人間の女性として生きようと決めたポニョに、宮崎監督はどんな思いを傾けたのか？

「一度海の世界へと戻されたポニョは、魚の波を従えて再び宗介の元へ帰ってくるんです。でもその時彼女は自分のことしか考えていない。やがてポニョと宗介は、リサを捜しに水没した町の中を船で行くんですけれども、その時彼らは赤ん坊を抱いた若夫婦と出会うんですね。ここはどうしても必要なシーンでした。あれはポニョがその後に、人間としてちゃんと生活していけるという担保なんです。あの時彼女は赤ん坊という、自分以外の存在に思いやる気持ちを持てた。赤ん坊とポニョは、言語領域に属さない妖しい会話をしていますけれども（笑）。ポニョとはそういう、すごく柔軟性があってまだまだ育っていく生き物だと僕は思いたかったんです」

ポニョの母親グランマンマーレも含めて、今回の映画はどれも女性たちが印象的。ここまで女性映画の色が濃い宮崎作品も珍しい。

「今は閉塞感がものすごく強くなっていると思うんです。そういう時に、何を拠りどころにしていくのか。いろんなものを使い物にならないと捨てていっても、どうしても放り出せないのが子供だと思うんです。昔から言われてきたことですが、赤ん坊が生まれたら誰もが祝福して、それを希望だと言う。今の時代を考えると、拠りどころはそこになってくるんです。例えば男が船に乗って冒険に出かけていくなんて、たいしたことじゃない。それで何をするかと言えば地球温暖化の研究に行って、警告を発するのが関の山でしょう。そんなことは誰でも知っていますよ。そうやって考えたら、自然に女性を描くことになっていったんです」

現代を女性の持つエネルギーによって捉える。これはそういう映画でもあるようだ。

「いや感情移入する人物は観る人によって違うでしょうが、基本はポニョと宗介が自分を貫く話です。あとは自由に楽しんでくれればいい。僕はそう思っていますよ」

ポンポン船に乗って、リサを捜しに出る宗介とポニョ

ポニョの世界を創る。

1

宮崎 駿
イメージボード

宮崎監督が企画の段階で
スタッフに作品の雰囲気を伝えるために描かれたイメージボード。
ここからポニョの世界が創られていく。

峠の道を走るリサの車

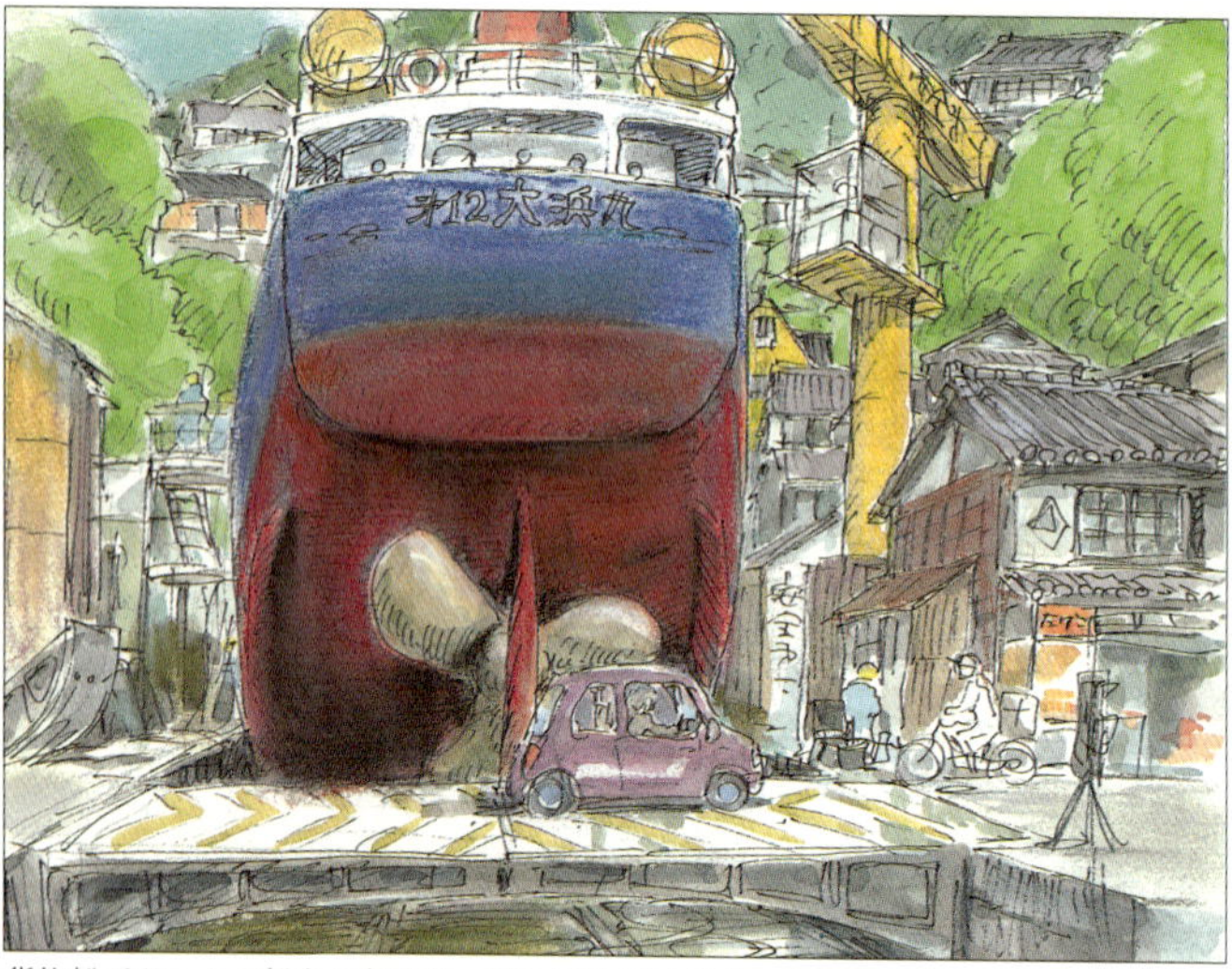

貨物船がドックの船台に収まり、跳ね橋を渡るリサの車

海側から見た港町の俯瞰図

水没した町に来たフジモトと宗介が出会う、本編にはないシーン

熱水のエントツ

フジモトの研究施設がある海中農場の全景

宗介がポニョを連れ帰った岩場から崖の上の家までの道

内海の俯瞰全景。左側の岬の崖の上に宗介の家がある

2

吉田 昇
美術ボード

背景美術の基礎となる美術ボードは、
吉田さんによって遊び心があり、
キャラクターを自由に動かせる舞台が創られた。

崖の上に建てられた宗介の家

高齢者向けのデイケアサービスセンター
「ひまわりの家」の外観

海を望む宗介の家の庭

宮崎監督のイメージボードをもとに描いた、
潜航するフジモトのウバザメ号

フジモトの海中農場のサンゴ塔内にある、生命の水の抽出部屋

色彩設計

彩度と彩度がせめぎあう、スレスレのところを狙いました

保田道世

私が宮崎監督から『崖の上のポニョ』の話を聞いたのはわりと早い時期だったと思います。〝人魚姫をもとにした金魚姫の話〟であるとか、そういう断片的なイメージを、ぽつりぽつりと教えていただいていました。それと、デジタルを使った3Dのアニメーションではなく、手描きでちゃんと動かしていきたいと。それから、いつもは目線の下にあった海を、今回は自分

参考用に作られた、メインキャラクターの色指定見本

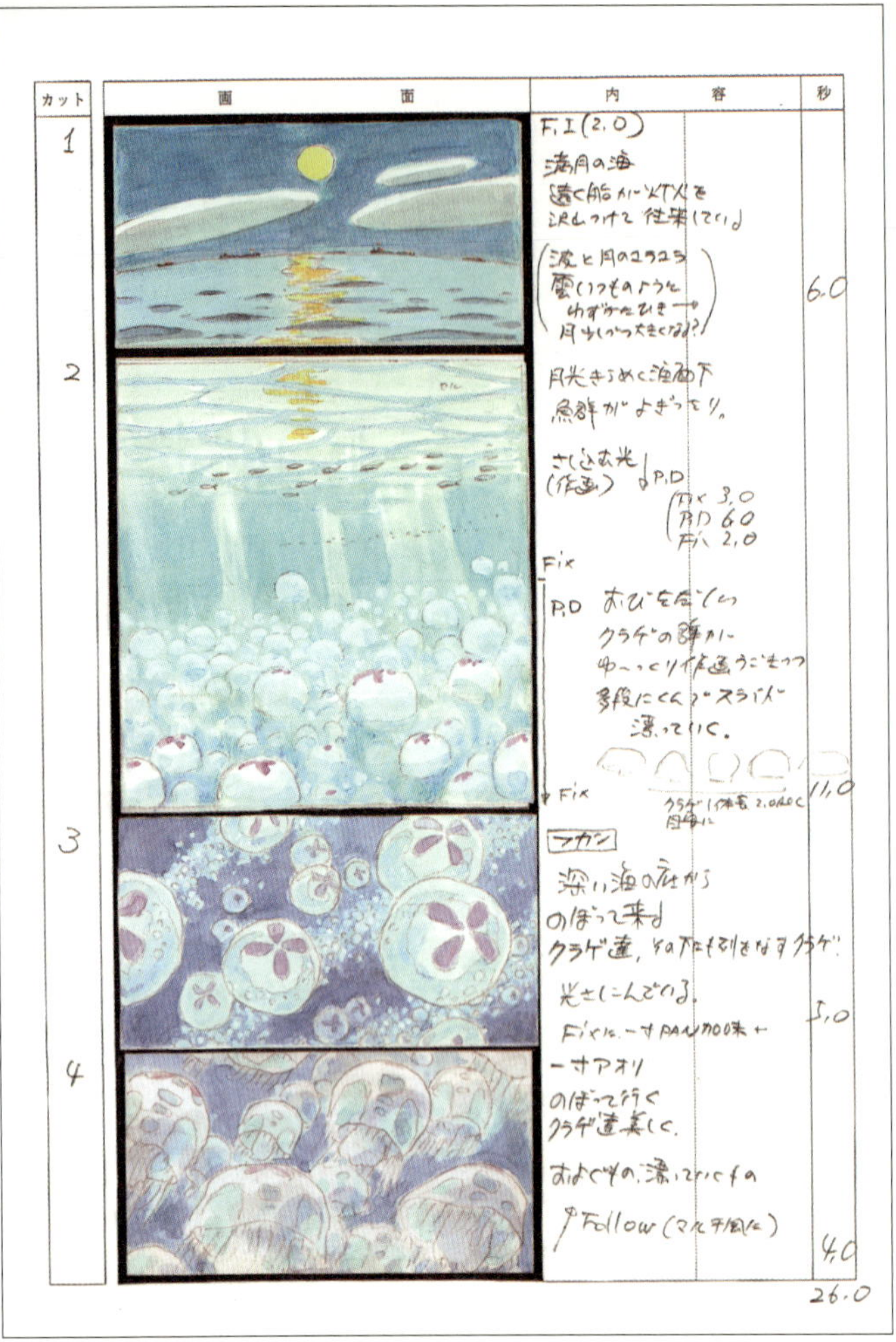

宮崎監督による導入部の絵コンテ(カット1〜4)。満月の海面、月光きらめく海面下、深い海の底と変化する海の色が、彩色されているためイメージが捉えやすくなっている

たちと同じ目の高さくらいまで引き上げたらどうなるか、海も生きているものとして扱いたい、『ポニョ』ではそういう試みをしたいというような、断片的なお話は聞いていたんです。

それからしばらくたって、初めてポニョのイメージボードを見せられたときは、「あっ」と思いましたね。まだ人間になっていない、金魚のポニョでしたけど、デザイン的なこととか、色の感じとかではなくて、そのキャラクター自身が魅力的でした。それがポニョの最初の印象ですね。

色については、監督とは特に具体的な話はしていないんです。海も色トレスでなく実線でいきたいとか、そんな話はしていましたけど。ただ監督は今回、宗介の服は黄色にするとか、ポニョは金魚だから赤いというように、色のイメージは先に全部出していましたね。

それと今回、絵コンテに色が入っていたことが、非常に助けになりました。最終的には変わってしまう場合でも、あっ、この水面を暗いものにしたいんだな、ここは少しだけ暗くしたいんだなと、絵コンテを見ると、イメージ的にわかるんですよね。色味をどういうふうにしたらいいのかと悩むのは、どの作品でも同じで、いつもは手がかりはイメージボードです。でも『ポニョ』の色に関しては、最初から思い切った感じに持っていこうと考えていましたので、宮崎監督がどういう風にしたいかが伝わる色のついた絵コンテはとても参考になりました。

今回の美術は、いつにも増して彩度が高いんですね。淡いというよりも激しい色なんです。だから、同じようにこちらも彩度を考えて色の設計をしなければなりませんでした。彩度はあまり下げすぎると汚くなるし、かといって美術と同じように高い彩度にすると、セル画の場合は品がなくなってしまうんです。だから、そのスレスレのところを狙いました。水への映り込み、そのほか何でも、ほんのちょっと彩度を変えただけでも違ってしまう。最初は今までの知識や方法で、こうすればできるなと思っていたのですが、「あっ、『ポニョ』は違うんだ」と。宮崎監督も「やっぱり、『ポニョ』は違うよね」とおっしゃったことが、何度もありました。

いちばん悩まされたのは、メインとなる水の扱い。従来の作品と比べて特に違うのは、今回は、同色トレスをほとんど使っていないということです。また、水中だから、ちょっと青みを入れればいいかというと、そうではない。今までは通用した考え方の色だけではだめなんです。海の中だからといって、例えばポニョが青みを帯びた色彩になったりすると、それはもうポニョではなくなってしまう。だから、ポニョが、バケツの中にいるときは、水の中も外もほとんど変わらない色彩にしていますね。

水面への映り込みなどには、どうしてもほんのちょっと水ならではの色を入れないとだめなので、その色の加減を、いつもより微妙に付けていきました。それに加えて、水しぶきから水中から何もかも、彩度や色彩が常にカットごとに違ってきます。時には観念的になったり、また、うんとリアルになったり。

改めて宮崎監督はすごいと思ったのは、見せる視点がはっきりしていることです。例えばポニョと宗介の体の一部が水に浸かっているカットで、水に入っている部分に水中用の彩度を落とした色を使っています。でも、次のカットで体が完全に水の中に入ってしまうと、今度は水中用の色を使わずに、二人が楽しくかわいらしく見えるように、優しくて愛らしい色使いを要求するんですよ。それが、映画を観る人に、ああきれいと感じさせるのだと思いました。

今まで宮崎監督と一緒に仕事をしてきて、自分としては、いろんなことを培ってきたつもりです。いつもだったらこうする、この場合はこう処理しようという土台のようなものがあるんです。そうした経験の上に立って、『ポニョ』では改めて、ここはこういうやり方になるのかと確認する作業が多かった気がします。例えば、ポニョが起こした嵐の暗い部分の色がうまく決まると、その後のカットでも嵐の暗さとか、海の色が自然に決まってくる。そういう方法を、すごく細かくやっていくことができたと思います。『ポニョ』に関しては、仕事として本当に多彩なことをさせてもらったという気分ですね。ほかではできない新しいことも試してみましたし、面白い経験ができました。

やすだ・みちよ●一九三九〜二〇一六年。東京都生まれ。東映動画（現・東映アニメーション）で『太陽の王子　ホルスの大冒険』に参加以来、高畑勲・宮崎駿両氏の多くの作品の色指定・色彩設計を担当。その仕事は『アニメーションの色職人』に詳しい。スタジオジブリ作品で担当した通算二十三作目にあたる『風立ちぬ』（宮崎駿監督作品／二〇一三年）を最後に退いた。

美術監督

吉田 昇

とにかく観ていて楽しくなるような作品にしたかった

今までにないタッチを求めて一味違う画材を選ぶ

――本作への参加にあたり、宮崎監督からは、どのタイミングで声をかけられたのですか？

「前に参加していた『ゲド戦記』の作業が終わるあたりです。本格的に話が来たのは、終わってからなんですけれど、『ゲド』制作中から『こういう作品を作るので参加して下さい』と言われてはいました」

――その際に、監督からは具体的なイメージを示されていましたか？

「既にラフなイメージボードができていたんです。舞台となる海辺の絵だとか、宗介がポニョと出会うあたりのイメージだとか……それを見ながら、ストーリーの説明を最初に受けました」

――それらを受けて、作品に関してどんな印象を持たれましたか？

「単純に『面白そうだな』と思いましたね」

――背景は今回のような絵本風のタッチでいく、というのは、企画の初期段階からあった構想なんでしょうか？

「今回は波が魚になったりするような変わった舞台や設定なので、そういうことが自然に起こってもおかしくない画面を作ろう、というのが最初にありました。そこで、今までに無いタッチを入れてみようという話になりまして、『ポニョ』ではこれまで長編作品で使ったことのないクレヨンや色鉛筆、パステルといった画材を使ったんです」

――それらの画材は、作業の中で選択されていったところもあるのですか？

「そうですね。パースをきっちりとるとか、絵的に細かく描いていったりといった、画面を緻密にしていくことにあまりこだわらないという方針も、最初に提示されていましたので。例えば、パースの枠組みは緩くてもいい、本来ならまっすぐでなければならない線もあえて歪めたら面白い、という話もしていました」

――画材を変えたことで、今までより苦労した点はありますか？

「ジブリ作品の基本は自然光で、昼間だったら太陽光があって、夜だったら月明かりがある、という感じなんです。もちろん光の感じ自体は今までの作品と変わらないですけど、今回扱うのは違った画材なので、スタッフみんなが試行錯誤しましたね」

セルと背景の組み合わせで豊かな水の表現を試みる

――吉田さんは美術館短編の『コロの大さんぽ』や『ギブリーズ』でも、今回と近いタッチで描かれていましたから、その延長線上にある作業という意識もありましたか。

「ハウス食品のテレビCMもそうでしたから、そんなに抵抗はなかったですね。ただ、画材は確かに楽しんで使ったんですが、セルと背景の組み合わせに関しては悩みました。実際にセルが乗ってみないと仕上がりがわからないカットが非常に多かったんです」

――具体的には、どういう部分で？

「特に今回難しかったのは水の表現で、セルと背景が、以前の作品よりも密接に絡むことが多かった部分でしょうか。以前だったら、水面といえば背景で塗った上にハイライトがついている感じでしたが、今回は、セルで描かれている水と背景が互いに歩み寄って表現することが多かったんです。そうなると、単に背景として描いて終わりというわけではなく、セルと絡んでみないと、最終的にどういう画面になるかわからないわけです。しかもカットごとにその方法を変えていったので、いつもより一手間かかる感じでしたね」

――**例えば、どんな風に作画と美術とをすりあわせていったのでしょうか？**

「『海を描く』というのは、今回の大きなテーマだと思うんですけど、背景の方で海面を描く場合もあれば、水の底が見えていながら、波も立っているというようなシーンでは、背景にセルの波を重ねて動かすことで水の表情を出すんです。もちろん海だけでなく、雨のシーンなどを含めた水を表現する時も同様です。例えば、宗介の家の縁ぎりぎりまで海水が来ちゃったシーンなんかも、アングルによっては全部背景で描いてしまうこともありますし、逆に全部俯瞰でセルで表現していたりもしています。いろんなカットによって、かなりやり方を変えながら表現していて、それが今回、監督がやりたかったことだと思うんですよ」

水没した世界は巨大なお風呂!?

――**ロケハンには行かれたのですか？**

「ええ、瀬戸内海の方へ行ってきました」

――**具体的には、どういう部分を重点的に見てこられたのでしょう。**

「海をいろいろな位置から見てきましたね。海の描写に関しては、そのロケハンで見た印象が大きいです。波の感じや、山の上から見た海とか……」

――では、宗介たちの町の風景もロケハンを参考にされましたか？

「ええ。ただ、あの町並みは日本のどこにでもあるような港町、という感じで作りました」

――作業に入るにあたり、吉田さんから各スタッフに、なにか作品の指針のようなものを提示されたりはしましたか？

「『とにかく観ていて楽しい気分になるような作品にしたい』と言いましたね。ですから描く側も楽しい気分でやることを心がけて欲しい、と。抽象的ですけどね」

――最初に出てきた町の風景と水没した町とでは、違う空気感を感じましたが、どのような意識を持って手がけられているのでしょう。

「水没した風景は、楽しい感じを優先しました。海面が上がってきて怖い、というよりは、水に入っても溺れないような、温かいような、なんかそういう楽しそうな風景。言うなれば大きなお風呂というイメージでしょうか」

――逆に中盤の嵐のシーンは、けっこう暗いイメージですね。

「混沌とした海の力がやってきて……というシーンなので、やっぱりそれなりの怖さが欲しかったんです。空も、ちょっと海と渾然一体となる暗さで落としてみましたし、作画の方の雨も従来の降り方じゃなくて、激しくなったり、ちょっと止まってみたりしています。そういう意味では、リアルさもありますね」

——海の中の描写は、どういうところを狙いましたか？

「海の中は、もう想像ですよね。実際背景に関しては、海の中はそんなに見えるカットはないんですよ。海に入っちゃうと、実際のところ暗くなってしまうので（笑）。『こういう色で』と決まったら、そんなに迷うことはありませんでしたね」

スタッフに助けられた作品世界の補完

——描いていて楽しかった背景や、印象的な背景などはありますか？

「先ほどの話のように、セルと合わせることでどう見えるか、非常に楽しみなカットが多かったことですね。背景だけで見せるのではなく、画面の動きも含めることでどうなっていくのか……印象に残っているのはそういう背景です」

——特に印象的だったのがフジモトのアジトなのですが、あれを見ていると『風の谷のナウシカ』に出てきた土鬼《ドルク》の墓所を思い出してしまいました。

「フジモトのアジトに関しては、彼が非常に長生きで、百年ぐらいかけて一人であの場所を岩などを削って作ったらしい、という裏設定を前もって聞いていたんです。だとしたら、なんかツルンと綺麗にできているような建物にはなりませんよね？　一生懸命、手彫りで作った気分がほしかったんです。ですから、あのシーンはパッと見ではわりと絵本風なんですけど、実は描きながら試行錯誤していった感じですね。少しずつ暗さを足していったりして、どんな質感がいいか迷いました」

――その部分は、どのように解決されたのですか。

「困っている時、同僚の田中（直哉）さんに助けてもらったんです。最初僕の方では『この明るさで』と具体的に提示できなかったんですけど、田中さんは結構いろいろな画材を使った経験があったので、色鉛筆とクレヨンをどういう風に使えば豊かな色を出せるのかを知っていたんですね。普段は入れられない微妙な色合いがいろいろ入ってきて、いい感じにできたと思います。田中さんには、そういう意味でも、このシーンの基本的な絵肌を作っていただいた感じです。田中さんの他にも、今回美術補佐の春日井（直美）さんと大森（崇）君に要所要所でいろいろ頑張ってやってもらいました」

――お三方の役割は例えばどういう風に分かれていましたか？

「田中さんには、難しいシーンをお願いしましたね（笑）。先ほど言ったように、フジモトのアジトの質感とか設計の感じはもちろんですが、特に水面が上昇した後ジャングルの中にボートが入っていくあたりはすごく良かったですね。静かな水の下にうっそうと森が見える感じとか……あそこは宮崎監督も絶賛していました。春日井さんには、さっき話した水没した世界の温かいお風呂みたいなイメージを作ってもらいました。嵐の翌朝の晴れた世界や、宗介の家からボートで出発するところを横から見たカットなどは印象に残っています。大森君の背景は、全体に濃厚な感じが出ていますね。フジモトが最初に地上に出てきた時のカットの、風が生み出す風景の表情ですとか、すごく雰囲気が出ていました」

――見事に各自のカラーが出ているんですね。

「そうですね。今回はすごく忙しくて、準備だとかいろいろなことで全く手がまわらなくて、そういう意味でもお三方には助けられましたね。作っていく中でも、結構ブレが出てくる作品だったので、その辺りも含めて辛抱強くつきあってもらって、すごく感謝しているんです」

宮崎監督の絵コンテの彩色は本作で最も重要な作業だった

――『ポニョ』の作業を通じて、宮崎監督の印象が変わった、あるいは何か発見したことなどはありますか？

「仕事に関してはいつもそうなんですけど、『これ楽しいね』と宮崎監督が素直に思ったことを、そのままアニメーションにして作っているという印象です。実は今回、メインスタッフが一つの場所に集まって作業をしたのですが、アドリブというか、その場の判断で『これにもうちょっとこれを足したら、もっと面白いかも』と言ってスタッフに指示しているんです。より楽しくなる方向で、要素を足していくことがとにかく多かったという印象があります」

——今回の絵コンテは色が塗られていましたが、美術の参考にはなりましたか？

「なりました。『コンテではこう塗っちゃったけど、吉田さん、好きにやってください』と宮崎監督はおっしゃってましたけど（笑）」

——なかなかそうはいきませんよね。

「色を塗りながら、たぶん宮崎さんは、画面の設計を自分で理解していったんでしょうね。ここまでは背景、ここからがセルというのを、色を塗りながら見つけていった。そういう意味では、それらは宮崎さんにとって必要な作業だったと思うんですよね。何といっても背景と作画の共存が、今回の肝でしたから。

——宮崎さんの作品の中でも、ここまで海を舞台にした作品は珍しいんじゃありませんか？

「そうですね、これだけ海が多く出てくる作品は『未来少年コナン』くらいでしょうね。特に今回、宮崎監督はカットによって本当にいろいろな水の表現を試していますし」

——従来の作品と比べると、作業時間はかかった方ですか？

「描きこむカットはかなり描きこむんですけれど、そうでないカットもわりとありました。海のグラデーションだけ描くカットもあるし、今回はとにかく作画で絵を動かす、という目的もあったことから、セルで見せる部分がかなり多かったこともあったので、背景画はちょっとしかないカットもありましたし」

——今回のように、セルと背景の組み合わせを工夫して作る方法を、振り返ってみてどんな印象をお持ちですか。

「面白かったです。『この物語にはこの画面』という捉え方をしながら作業を進めて行くことは、作品的にもかなり良かったのではないかと思います。実際手応えがありましたし、作業していて楽しめました」

——完成した作品をご覧になられての感想はいかがですか？

「意外に短い作品ですけれど、いろんな要素がたっぷり詰まっている感じですね。あっという間に、楽しく観終わってしまうという印象です」

——最後に、これから作品をご覧になられる方にメッセージをお願いします。

「やっぱり作品の中で描かれた水や風をぜひ見て欲しいですね。あとは、映画の楽しさを存分に味わってもらえればいいな、と思っています」

よしだ・のぼる●一九六四年島根県生まれ。デザインオフィスメカマンを経てフリーに。『もののけ姫』でジブリ作品に初参加。『ホーホケキョ となりの山田くん』『千と千尋の神隠し』で美術監督補佐を務め、『ギブリーズ episode2』『ハウルの動く城』『崖の上のポニョ』『借りぐらしのアリエッティ』『コクリコ坂から』で美術監督を務める。『風立ちぬ』『思い出のマーニー』にも参加している。

作画監督

近藤勝也

作画スタッフが作り上げた果実に上薬を塗ることが僕の仕事です

切り捨てられてきた手法への回帰

——まず、『ポニョ』に参加された経緯についてお聞かせ下さい。

「ジブリ美術館の短編『やどさがし』（二〇〇六年）で演出アニメーターをやっていまして、その作業の中盤あたりから、次回作の話もちらほら出ていたんです。『セリフがなくても絵だけ見ていれば伝わるような作品、とにかくアニメーションそのものみたいなものを長編でもできないかなあ』という話をしていて。で、『やどさがし』が終わった段階で、今回の企画の雛形みたいなものを聞かされまして、『今度こういうのをやるから、その時は作監をよろしくね』と言われたので、『いいですよ』と」

——『やどさがし』には、実験的な要素も含めて既に本作の萌芽があるように思えるの

ですが、その部分での手ごたえがあったことも？

「宮崎さんの中には『このエッセンスで何かやれるんじゃないか』という手ごたえはあったと思いますし、僕の中にもこの方向をちゃんと真面目にやった方がいいんじゃないかという気持ちはありました」

――振り返ってみると、近藤さんの立場はジブリとつかず離れず、という印象があるんですけど。

「そうなんです（笑）。元々ジブリや宮崎さんの空間そのものに実家みたいな感覚があるんですけど、時々家出してはまた戻ってくる、みたいな。でも今回は、『宮崎さんとこうやって関われるのもあとどのくらいかなあ』とか、『誘われるうちが華だな』と思うところもありまして（笑）」

――その時点で、キャラクターデザインも依頼されていたのですか？

「キャラクターそのものは、宮崎さんのイメージボードの中で大体できていますから、それを僕がキャラ表としてまとめた程度です。『魔女の宅急便』みたいに、最初から僕がキャラを作成したというわけではないです。今まで僕が作監を手がけてきたのは、その作品で自分がキャラクターデザインをやっている責任を取るためであって（笑）、こういう立場で長編の仕事をするというのは、実は初めてなんです」

――では、今回の『ポニョ』は、どういうスタンスで臨まれたのでしょうか。

「極端に何か軸足を変えて作画した、ということはありません。宮崎さんの絵コンテを読むと大体作業のレールみたいなものが明確に見えてきますから、その雰囲気や表現しなければならないものを取りこぼさずに形にしていく、ということです。あえていうならば、子供が主人公ですので、デリケートな表現を心がけました。微妙なニュアンスや動きなど、子供特有のものは常に念頭に置いて、限られた時間でできるところまで形にするということですね。ただ、今回宮崎さんが言っていたのは『これまで商業アニメーションでは最低限の手間暇で最大の効果を狙う技術が特化していった。それはそれとして、手間暇と枚数をかけた分だけもっと良くなるという、これまで切り捨てられてきた手法を今回はやってみよう』と。もちろん、それほど枚数の要らないところはそのままですが、ここぞというところには、従来なら五枚で済ましていたところを、十枚ぐらいかけて表現する。その作画のバランスを上手くとることを今回のテーマにしていこう、というのは明確にありましたね」

絵コンテという種に、果肉を付けていく作業

――作画の段取りはどう進んでいったのですか？

「まず絵コンテを基にしてそれぞれの原画マンがレイアウトを上げる前に、ラフレイア

ウトチェックというのがあるんですよ。個々の机を回る宮崎さんから『もうちょっと、こんな感じで』と指示を受けて、原画マンが上げてきたレイアウトが、僕のところに来るわけです。そこで僕が、宮崎さんのラフレイアウトチェックの絵、それを考慮した原画マンのレイアウト、さらに一番の肝となる絵コンテの三つを見て、一番いいところを抽出していきます」

――かけ合わせの作業なんですね。

「そうです。作監作業の時に大きな直しが出ないよう、僕はこの時点でできるかぎり、レイアウトチェックをしっかりやります」

――その後の作業は、どうなるんですか？

「僕のレイアウトチェックを経た最終レイアウトを基に、原画マンが原画を描きます。その後、まず宮崎さんのところへ行くんです。そこで宮崎さんが原画チェックして、かなりしっかりした線で直してきますから、僕はその線を活かして、さらに直していくんです。さっき説明したレイアウトと同じ流れですね。とにかく、原画の良いところを漏らさず、悪いところがあったら、良い方向へ向けていく。例えばキャラ表や絵コンテの狙いと違ったところがあっても、それが良いと思えば活かしたりもしました。そのあたりはもう感覚的というか、電気信号みたいにやっていますね（笑）。何が良いか悪いかは僕の中で明白なので、あとは時間との勝負でしたね」

――それだけのやり取りを経るというのは、スタッフも相当な覚悟が要りますね。

「言うなれば、絵コンテという種があって、その種に果肉を足していく作業なんです。そこに宮崎さんの果肉修正みたいなのが入って、だんだん綺麗な果実になっていく。そんな感じですね。どんなに原画が良く描けていても、種がないところでいくら果肉を付けても意味がないわけです」

――最初の絵コンテから完成フィルムまでの間に、キャラクターも徐々に変化している印象がありますが……。

「宮崎さん自身が、作業期間中にだんだん進化していきますから。それは、いつものことなんです。その時々の良いものを僕が拾っていく。キャラ表は、しょせんキャラ表でしかないですからね」

――特に苦労されたシーンなどはありましたか？

「苦労と言ったら、全部苦労なので……。要するに、どこを頑張って、どこを頑張らなかったというような力の入り方じゃなくて、ある一定ラインを保つということが大事だったんです」

――では、特に大変だったキャラクターは？

「グランマンマーレは大変でしたね。完全無欠の美人だから、すごく神経を使うんです。グランマンマーレは、キャラ表には載っていないでしょう」

――そうですね、何で載ってないんですか？

「何でかなぁ？（笑）。絵コンテがあるし、実作業に入っていくと、いちいちキャラ表を描くより、もう目の前にある絵を出したほうがいいという感じになっていったんでしょうね。グランマンマーレは宮崎さんが絵コンテの中で大体描いていますから、それを僕がレイアウト段階で形にして……あとはもう、『近藤君、よろしくね』の世界だから（笑）」

――グランマンマーレはもちろんですが、今回特に女性キャラクターが艶っぽいという印象を受けました。

「最終的に、作画監督は艶出しの作業、上薬を塗る立場だと思うので、それを感じてもらわないと僕が仕事をしている意味はないです。積み上げてきたもの、種に果肉を足していって果実ができて、それを一生懸命ピカピカに僕が磨いて、動画さんに渡す。気持ちよくキャラクターたちにお化粧を施すのが、僕の最終段階での仕事なので。宗介にしてもポニョにしても、とにかくいろんなキャラクターに対して、そこはかとなく色気や艶がないと、絵は面白くなりませんからね。それは僕の中で大事な要素でもあるし、『作画監督をやってくれ』と言われた最大の理由でもある気がします」

ポニョの物語に隠された裏テーマとは何か

――宮崎さんの絵コンテを読まれた際に、何かこれまでと違うと感じる部分はありましたか？

「まず絵コンテ全部に色が塗ってあるんですよ。今回は、現実の世界を表現しなくちゃいけないし、海の世界も表現しなくちゃいけないでしょう。『こういう世界なんだよ』とスタッフにわからせるため、最初の海の底でクラゲが発生するシーンは、色を塗るしかなかったんです。それがわりと評判よくて、宮崎さん本人も『わかりやすいよね、色を塗ると』と思ったらしく、最初だけでやめるわけにいかなくなったみたいですね（笑）」

――では、ストーリーについてはどんな感想をお持ちですか。

「本当に作品の明白な意図がわかったのは、二年前の五月に（美術監督の）吉田（昇）君と一緒に、宮崎さんから直接作品の概要を聞かされた時かな。小さい男の子と女の子を描くんだけど、実は男女の関係性が核にある、というんですね。男女のコミュニケーションや、そのどうしようもない関係性とか、『実は女の本質はこうであって、その本質に対して男はどうすればいいのか？』といったことを描くのが裏のテーマだ、と。でも、青年や大人でそれを描くと、あまりにも生々しい。もっとプリミティブなエッセ

近藤さんは、宮崎監督が描いたラフやイメージボードを参考にして、
キャラクターのラフスケッチを描いている。下はポニョの変身イメージ

ンスを狙うのなら、子供で描いたほうが良い――そんな話を聞かされまして、それは面白いなと思いましたね」

――例えば、その男女の関係性というのは具体的にどういうことを指すんですか？

「僕のフィルターを通していますから百パーセント宮崎さんの考えと言っていいかどうかはわかりませんけど……今回は子供でやっているけれど、狙いとしては映画『ライアンの娘』の線らしいです。『ライアンの娘』の主人公の女性は恋愛に対して奔放だけど、そのことによって本人も周囲も翻弄され、傷ついていく。だけど彼女の恋人は、そんな彼女を捨てることなく、また迎え入れて終わるんですけど、まさにそれなんだ、と」

――言われてみれば、確かに『ポニョ』の物語に似ていますね。

「じゃあ、宗介みたいな男の子が、いわゆる男の本質を描いているかといったら、またちょっとニュアンスが違うんですけど。彼は『世界に一人でも、こういう男の子がいればいいのに』という宮崎さんの理想ですね」

――近藤さんが、ご自分の家庭生活からインスパイアされたキャラクターはいるんですか？

「それは逆でして、宮崎さんが僕の家庭を見て、かなりインスパイアされたみたいですよ（笑）。（宮崎監督によると）僕はフジモトなんだそうです。アフレコでも、フジモトの件で指示出しする時に『近藤君はこうなんだ』なんて言っていたらしいですから、か

宗介のキャラクター・ラフスケッチ。初期に髪型の異なるパターンのものが描かれたが、後ろ髪を刈り上げ、前髪を横に揃えたスタイルに決まった

なりモチーフになってるんですよ。宮崎さんは、身近な人をモデルにして表現するところがありますからね」

――フジモトが近藤さんだとしたら、他のキャラクターにも身近な人がフィードバックされているんでしょうか？

「ポニョのモデルはうちの娘なんです。実際、仕事で説明をする時にも宮崎さんは『ポニョ』とは言わないで、うちの娘の名前を呼ぶんですよ。今、三歳なんですが、娘が生まれた時、何故だか宮崎さんもかなり喜んでくれまして……たまたま『やどさがし』をやっている最中に生まれたものですから、もしかしたら今回の作品のテーマが〝子供〟に引き寄せられた原因になったのかもしれませんね」

――今回、宮崎さんの作業を近くで見ていて、どんな印象をもたれましたか？

「相変わらず元気だなあ、と。今までで、一番元気だったんじゃないかな。本人は、『ボロボロだ』とか『もう駄目だ』とか言っているんですけど（笑）。でも、努力してるんでしょうね。毎朝、健康用のたわしで体じゅうゴシゴシ擦って、近所の川原に行っては他人の捨てたゴミを拾ってきたり……。とにかく、どんなにしんどくても働くのが健康法みたいですね。あと、日曜日は川べり歩きや家の修理、片付けをやってるそうです」

――そのバイタリティはすごいですね。

天真爛漫な女の子ポニョのラフスケッチ。子供らしい表情や仕草が幾つも描かれ、
女の子になったポニョのキャラクターが固められた

「でもやっぱり、基本的に体が丈夫なんだと思いますよ」

試行錯誤した初めての作詞とシンプルであることの重要さ

——ところで、今回の主題歌の作詞についてですが、これは宮崎監督からの依頼で？

「そうです。『やってみる？』って言うから、『えっ、いいんですか？　やりますよ』と（笑）。だって、面白そうじゃないですか。久石譲さんの曲は、できていたんです。ずっと宮崎さんの横にいて、今回何をやりたいのか、その意図は聞いていたので『けっこう、簡単じゃん』と思って……」

——では、わりとすんなり作詞できたんですか？

「いえ、全然（笑）。『作詞やりますよ』と言った次の日に、簡単な何行かの箇条書きを、宮崎さんに見せたんです。『じゃ、これでまとめてみて』と言われて、十日ぐらいかかったのかな、一応形にして。『これはこれでいいね』と宮崎さんからオーケーが出たんです」

——順調じゃないですか。

「そこまでは順調ですよ。『ああ、これで終わった。よかった。一生懸命やったな』と満足していたんです。その後、今度は久石さんの曲に仮歌が入ったら、宮崎さんが『近藤君……良くない』と。確かに聴いてみたら良くないんです。宮崎さんが言うには、『要するに内容が煩雑なんだ。もっとシンプルにまとめなきゃ駄目だ。それがわからなかったら、もう降りるんだね』と」

――シビアですね（笑）。

「最初に、宮崎さんの歌詞に関する箇条書きがあって、『手が欲しい、足が欲しい、足があったらいいな、手があったらいいな』みたいなことが書いてあったので、それを考慮して書いたはずなんです。でも、駄目だった。ここで『もうやめます』なんて言ったらくやしいので、三、四日ほどかけて、もう一度書き直しました。すると、今度はうまくいったんです。たぶん、前の歌詞は物語性を入れ込み過ぎちゃったんでしょうね。もうちょっと身体性を強調した一方で、いろいろなものを取り去ってシンプルにしたんですよ」

――出来上がった曲を聴いた感想は？

「やっぱり、直してよかったです。最初の詞は、いろんな小さな花をいっぱい集めたブーケになっていて、『はい、どうぞ』だったんです。だけど、それだと印象は弱い。やはり、ヒマワリみたいなデカい花をドンと出したほうがインパクトがあって良い、ということですね」

——では最後に、本作をご覧になる方にメッセージをお願いします。

「面白おかしく観てもらえる映画だと思うので、まずは素直に楽しんでもらえれば嬉しいです。実はむしろ僕自身の方が、お客さんがどんな反応をするのか、楽しみですね。あとは、先に言った裏テーマの部分をどこまでみんな見てくれるのか、気になりますね。表層的に『面白かった』『かわいかった』『楽しかった』という感想に加えて、もっと作品を深く感じてくれる人もいるといいですね」

こんどう・かつや●一九六三年愛媛県生まれ。『天空の城ラピュタ』以降、多くのスタジオジブリ作品に参加。『魔女の宅急便』『おもひでぽろぽろ』『海がきこえる』『崖の上のポニョ』では作画監督を務めた。そのほか、フリーのキャラクターデザイナー、イラストレーター、アニメーターとして、多くの作品に携わる。

二〇〇七年十二月三日

『崖の上のポニョ』主題歌発表記者会見

宮崎 駿（監督）×久石 譲（作曲）×大橋のぞみと藤岡藤巻（歌）

於：スタジオジブリ

主題歌発表とされながらも、実質的には『崖の上のポニョ』そのものの初お披露目となったのがこの会見だった。宮崎監督が公の場に、しかも作品の制作中に姿を現したのも久々ということもあり大きな話題となった。

司会　それでは会見の方を始めさせていただきます。最初に映画『崖の上のポニョ』原作・脚本・監督、そして主題歌では補作詞も担当しておられます宮崎駿監督から一言ご挨拶をいただきたいと思います。

宮崎　仕事中で抜けてきたものですから、こんな格好（＝エプロン姿）をしております（笑）。とても良い歌ができて良かったと思っています。この歌に負けないようなちゃんとしたハッピーエンドに辿り着かなきゃいけないと思ってるんですけど、まだ絵コンテが残っておりまして、ハッピーエンドになるかならないかというところでございます。

司会　それでは続きまして、映画『崖の上のポニョ』では音楽を担当、また主題歌で作曲と編曲を担当されました久石譲さん、よろしくお願いします。

久石　四年ぶりの『ハウル（の動く城）』以来の作品で、今回音楽をやるのにとても緊張していたんですが、絵コンテのA・Bパートを見せてもらった段階で、最初の打ち合わせの時にもうこのテーマのサビが浮かんできました。あまりにもシンプルで単純なものですから、これはちょっと笑われちゃうかなと思って、二〜三カ月くらい寝かしたんですけど、やはりそのメロディーがいいなと思って、思い切って宮崎さんに聴いてもらったところ、「このシンプルさが一番いいんじゃないか」ということで。けっこう、出足は非常にスムースです。「出足は」というところを強調している理由ですが（笑）、来年の八月までまだまだ時間があって、三つか四つくらい山がくるだろうと思いつつ、今のところ年は越せそうだと思っています。そういう状況です。

司会　それでは本日の主役と言ってもいいかもしれませんが、大橋のぞみちゃんから一言ご挨拶をお願いします。

大橋　一生懸命歌いました！（会場から拍手）

司会　後からまた、オジサンがお話を聞きますから、よろしくお願いします（一同笑）。続きまして、主題歌『崖の上のポニョ』を歌いました、藤岡藤巻の藤巻直哉さん、よろしくお願いします。

藤巻　藤巻といいます……スミマセン、生まれてかなり経つんですけど、こんな経験は初めてなので、緊張しております（一同笑）。全国のジブリファンに謝るしかないんですけど、普通のサラリーマンをやっている中年オヤジなんですが、今回この主題歌をやらせてもらえることになりまして。すごく下手なので驚かれると思いますけど、あとで歌わせていただきます。

司会　それではもう一方、藤岡藤巻の藤岡さんから。主題歌『崖の上のポニョ』にカップリングされております『フジモトのテーマ』を歌っておられます。よろしくお願いします。

藤岡　「なんでお前がここにいるんだ？」と思っておられる方もいらっしゃるでしょうが、我々サラリーマンをやりつつ音楽活動をやろうと、おじさんバンドを組んでデビューいたしまして、老後の楽しみに細々とやっていこうと思ったところ、あれよあれよという間にこういう場になっております。もちろん今自分がどこにいるのか信じられない状況ですけれど、何とかお邪魔にならないようにやらせていただければと思っています。この後歌うので、頭の中が真っ白なので、こんなもので失礼いたします。

宮崎さんは最高の作詞家です（久石）

司会　皆様の質疑応答をお受けする前に、私の方からいくつか主題歌の制作に関しての代表した質問をさせていただきますので、よろしくお願いいたします。まず宮崎監督にお聞きしたいのですが、久石さんにどのような作品のイメージをお伝えしたのでしょうか。

宮崎　さっきこういう質問をするというのを貰ったんですが……（と、ポケットから紙を出す）。久石さんにメモを渡したような気がするんですが、忘れちゃいました（一同笑）。久石さんが覚えているかもしれない（笑）。

久石　強力なラブレターですよ（笑）。我々が理解しやすいようにストーリーと現実の世界に関するいろいろなメモをいただきました。おそらく作家の方って最初に全て見えてて始まるのではなくて、歩みながら「ああ、そうだったんだ！」とすごく大事なものを生きているように摑んでいく、そういう作業の一環として書かれたんじゃないかな、と僕は思うんですが。その中に「海のおかあさん」とか「ポニョ来る」とか、いろいろと散文詩的、あるいはメモ的なものが今回いつもより非常に長くて、十何ページありました。実際イメージアルバムを作っていた時にも……覚えてませんか？（と、宮崎監督を見る。宮崎監督は首をかしげ、（一同笑）　全てはそこ（＝メモ）から出発して、そこに戻って……そういう作業を繰り返しました。そこに宮崎さんは歌になるとは思ってない、いくつかの詩がありますす。ただし、これは『（天空の城）ラピュタ』以来だと思いますが、『ラピュタ』の時もそういうのを貰いまして。僕としては宮崎さんは最高の作詞家と思っていまして、いわゆるプロの作詞家が書いた詩ではないんですけれども、宮崎さんから頂く詩っていうのは、何故かこうメロディーが浮かんでしまうものですから、先週完成したイメージアルバムでは結局歌が六曲入っています。これは全部宮崎さんの詩から作りました。結局、考え方としてはいつも宮崎さんの詩からスタートする、そういうことでした。

司会　ありがとうございました。監督、それでよろしいですか？

宮崎　私の隣りで仕事をしてます近藤勝也という作画監督ですがね、ちょうどまだ三歳になるかならないかの子を横にしながら、子育てに悲鳴を上げつつ、この映画に関わっているんですが、（その状況が）映画の内容に非常にリンクしていたんですね。それで「詞をやらないか？」と言ったら「やりたい」と言うものですから。（僕は）補作詞ということになっていますが、焚き付けただけで「これはお前さんがやった方がいい」ということになりまして、主題歌は近藤勝也が作詞をしました。本人はものすごく儲かるんじゃないかと思っているんですが（一同笑）、そこは何も言わないようにしていますけど。そういうわけで、これは近藤勝也という人間が自分の子供を思い浮かべながらやったものです。とても面白いですね。

司会　ありがとうございました。それでは大橋のぞみちゃんにも質問をしたいと思います。簡単な質問です。初めてこの歌を歌った時の気持ちを覚えていますか？

大橋　可愛い、楽しい曲だと思いました。

司会　ありがとうございます。その時に、宮崎監督から何か言われたことはありますか？

大橋　（しばらく考えて）「上手に歌えましたね」って（一同笑。宮崎監督も拍手）。

司会　それでは藤岡さんから先に質問させていただきますが、ジブリ作品の主題歌を歌うことになった時の率直な感想がありましたら……。

藤岡　いや、もう「私たちでよろしいんでしょうか？」という気持ちで。もちろんジブリの大ファンでしたし、こういう形で関係させていただけるとは思ってもいなかったので……僕らは本当にただのオヤジですので！　皆さんと同じ……（一同笑）、本当に申し訳ない気持ちでいっぱいでした。

司会　先ほど紹介しましたカップリング曲の『フジモトのテーマ』を歌っておられて、作詞も担当されているそうですが、詞のテーマなどがあるようでしたらお教え下さい。

藤岡　僕らがやっているオリジナル曲もほとんどオジサンがテーマの歌でございまして、二人ともお父さんなものですから、その気持ちのまんまで書かせていただきました。

（映画の）話の内容はわからないんですけど、「多分フジモトというお父さんだったらこういう気持ちかな？」というちょっと悩みの入った暗い曲なんですが、書かせていただきました。本当に申し訳ありません（と頭を下げる。一同笑）。

藤巻　補足説明をさせていただきます。ポニョの歌は童謡みたいに可愛い曲なのに、『フジモトのテーマ』は非常に暗い曲で「どうして二曲カップリングなんですか？」とプロデューサーの鈴木敏夫さんに伺ったところ、「お父さんが会社から帰って、お風呂に入って、その後フト独りになった時の歌が『フジモトのテーマ』なんだ」と。「両方ともお父さんを貫くテーマなんだ」という話でした。

藤岡　（こんな状況で）よく喋れるね、そんなことが（一同笑）。

司会　監督、藤巻さんがそういうことをおっしゃっていますが、今の話はどう思われますか？

宮崎　フジモトっていうのは、ポニョっていう……（と、後ろに貼ってあるキービジュアルを指して）ここに絵がありますけど、その人間の父親なんですよ。話をするとややこしいので省きますけど、作詞をした近藤勝也はまさにフジモトそのままなんです。日本のお父さんの非常に大きな部分を象徴しているようなキャラクターなんです。フジモト、フジモトって言ってるんですが、実はポニョの父親なんです。

司会　（『ポニョ』主題歌は）「お父さんと娘が一緒にお風呂に入って歌うイメージだ」と

いう話がありましたが、そのようなイメージをお持ちですか？

宮崎　いや、それは久石さんの曲ができて、それにあてて作詞をしようとした時に、当然のように湧いて出てきたものです。小さい子というのは身体性というか、心の問題ではなく、とても物理的というか、肉体的なものですから、そういう気分を歌の中に盛り込めたらいいな、と。そのためにはこの曲は幼稚園や保育園のお遊戯のようでとてもいいんじゃないか……「お遊戯のような」というのは久石さん自ら最初に言ったんですが（笑）、僕も「そうだなぁ、これはいいや」と思いました。

この主題歌は幸せな曲です（宮崎）

司会　それでは皆様からの質疑応答を受けたいと思います。

――本編をすごく楽しみにしている方がたくさんいらっしゃると思いますので、宮崎監督から差し障りのない程度でポニョの中身についてお聞きしたいのですが。

宮崎　後でプロデューサーから話があると思うんですけど、ずっとコンピューターを取り入れて仕事をしてきた結果、やっぱり自分たちはオールを自分たちで漕いで、風に帆を揚げて海を渡った方が良いということで、３Ｄというような技法を全部捨てて、とにかく鉛筆で全部描こうという方針で絵を作っています。だから（作画の）延べ枚数がどのくらいになるのか……未曾有の数になってしまうのではないかと思っているんですが、とにかく「紙に描いて動かす」というのがアニメーションの初源なのだから、その初源に戻ろうということでやってます。

――とっても楽しいリズミカルな曲ですが、今、監督の中でこの曲はオープニングなんでしょうか、それともエンディングなんでしょうか？

宮崎　いや、最終決定はまだしてませんけど、オープニングでこれを流すと、その後は皆でピクニックに行って、楽しい映画にしかならないような気がするので（一同笑）、どちらかといったらエンディングだと思うんですけど。この曲がエンディングに流れて、気持ちにギャップが生まれないような映画を作ることが、久石さんからこの曲を渡された、のぞみちゃんが歌ってくれた歌に対するこちらの責任だと思います。

――監督が「（のぞみちゃんの歌を聴いて）んー、良い！」と言ったとお聞きしていますが、（主題歌アーティストを）のぞみちゃんに決めたポイントは？

宮崎　初め、曲も詞もあいまいなままに「とにかく歌ってもらおう」と（のぞみちゃんに）歌ってもらったんですけど……無垢なる者の力ですね。おじさんたちは皆打ちのめされたので（笑）。それに尽きましたね。上手いとかそういうことではなくて……だから、こういう会見をしたり、いろんなところで歌うでしょうけど、（彼女を）汚さないように藤巻さんにお願いしたいですね（一同笑）。

――のぞみちゃんと藤岡藤巻さんとのコンビネーションは、どのように見ていらっしゃいますか？

宮崎　本当のことを言いますと、藤巻さんはよく知っている人なので、「(駄目なら)キャンセルしても困らないから」という鈴木さんとの約束で(笑)、「じゃあやってもらいましょう」という話だったんです。で、そのまま……。「あ、これは藤巻さんの今まで見えなかった部分が出てきているのではないか。これは良いのではないか」と。本当に次々と出会いが良かった感じで、この曲ができたんですね。幸せな曲だと思います。

――三人の歌っている声を聴いて久石さんの率直な感想をお聞かせ下さい。また、苦労した点もお聞かせ下さい。

久石　(苦笑しながら)何と答えたらいいんですかね……最初にこの三人で行くと聞いた時は「……本気？」と思ってました(一同笑)。やはりプロではないので、それはやっぱりいろいろ問題はあるんですが、考えてみるとこの曲のコンセプトは「子供たちが幼稚園で歌ったりできる曲」ということで考えたメロディーなので、その時に「プロの人や売れてる歌手が歌ったら成立するのか？」といったら、逆にそれはおかしいと思ったんですね。藤岡藤巻さんとのぞみちゃんが歌うということは、イコール一般の代表者

――誰でも歌えるというコンセプトで理解しました……ああ、上手く言えて良かった(一同笑)。

宮崎　ちょっと補足しますと、藤巻さんの善良さがとてもよく出ているんです。それは企んだものではないので……（藤巻さんを見て）企んでないですよね？（一同笑）

藤巻　企んでないです（笑）。

宮崎　そこが僕らもいいんじゃないかと思った要因なんじゃないかと思います。

映画主題歌の基盤は共通している（宮崎）

――曲にピッタリのハッピーエンドになるかどうかというお話でしたが、制作は間に合いそうでしょうか……!?（一同笑）

宮崎　間に合わないと思ってはいけないんですよね。「間に合わせなければいけない」と思っています。順調なんだろうと思っているんですけど、さっきも言いました通り、「とにかく手で描こう」ということなので、膨大な量を描かないといけない。その問題が今後どういう風に響いてくるかわからないんですが。僕の机の横にも自分がやらなきゃならない仕事がこんなに（と両手を開いて三十センチほどのスペースを示して）溜まってまして、これをなんとか減らさなきゃと思って頑張るんですが、「ああ、少し減ったな」と思ってると、また（追加の仕事が）来てますから。こんなに溜めてたことはないんです、僕は今まで。だいたいこのくらい（と手で十五センチほどのスペースを示して）

だったんですけど、その倍は溜まるようになって。歳をとったなと思います（笑）。

——今までのジブリ作品の主題歌は、もはや世代を超えたスタンダードナンバーとなっていますが、そういった状況をどのようにお考えでしょうか？

久石　歌というのは、どうしてもメロディーだけでなくて言葉と一緒になって響きますよね。プラスそこに映像が加わることで、頭で理解するよりも（心で）感じてしまう世界がありますよね。それって多分宮崎さんが作られた映像と言葉、メロディーがすごく幸せに今まで上手くいっていたから、皆さんに届いていると僕個人は思っています。

宮崎　『（となりの）トトロ』の時も「歌を作って子供たちに歌ってもらおう」とイメージアルバムを作る段階でハッキリ方針を立てていたんです。いろいろな幼稚園で歌ったり、使ってくれているんですけど、なんか作曲家の方には全然お金が入らないようなので（一同笑）、気の毒だな、と少し思っています。

久石　いえ、大丈夫です（笑）。

——歌詞の中で、本編に通じるヒントみたいなものはあるのでしょうか？

宮崎　隠す意図はないんですけど、あの……そうですね、多分隠れているんでしょう。ダブっています。要するに、横でやっている近藤勝也がまったく矛盾無しでやっていますから、映画と違うものを作っているという感覚がないんです。映画を作るのも、子供を育てるのと同じ感覚でひぃひぃ言いながらやってますんで、ものすごく基盤は共通していると思います。

ひさいし・じょう●一九五〇年長野県生まれ。国立音楽大学在学中より音楽活動を開始。『風の谷のナウシカ』以降、宮崎駿監督作品、北野武監督作品などをはじめ国内外の多くの映画音楽を担当する。本作以降も二〇一三年公開のスタジオジブリ作品『風立ちぬ』『かぐや姫の物語』の二作品の音楽も担当した。ほかCM、テレビドラマへの作曲など幅広く活躍中。

ふじおかふじまき●一九七〇年代にフォークコミックバンドのまりちゃんズとして活動していた藤岡孝章と藤巻直哉が二〇〇五年に結成した音楽ユニット。中高年サラリーマン男性の悲哀と愚痴を切々と歌い、団塊の世代を中心に支持された。ふたりとも本業はサラリーマンで、『崖の上のポニョ』の当時、藤岡は音楽プロデューサーとしてレコード会社に、藤巻は広告会社に勤務していた。

おおはし・のぞみ●一九九九年東京都生まれ。子供劇団に所属し、テレビドラマや映画に出演。本作で初めて歌に挑戦した。なお、作品の中では宗介の保育園の友達カレンの声も演じている。

出演者コメント

山口智子〔リサ〕

宗介の母。デイケアサービスセンター〝ひまわりの家〟の職員。テキパキとした女性。

小さな町の小さな出会い、それが世界を変える壮大なスケールの物語に膨らんでゆく。夢と希望に満ちた作品が大好きなので、参加させて頂けて幸せです。危機的な状況でも冷静に、凛々しく立ち向かっていくリサに、愛する者を守るための知性と勇気を学びました。

長嶋一茂〔耕一〕

宗介の父。内航貨物船の船長。家を留守にすることが多い。

オファーを頂いた時は、光栄だと思う半面、自分で務まるのかと不安でした。収録の際、監督から、耕一は昔気質な人間で、武士に近いこと。現代人と昔気質の人間は、言葉を発する時の力の入れ方とヌキ方が逆になっているといったお話を伺いました。そういったことを自分の中で噛み砕いて、監督の想いに応えるべく、頑張ったつもりです。

天海祐希［グランマンマーレ］

ポニョの母であり、海なる母。

ジブリ作品は、優しい愛が物語を包んでいます。今回もいろんな愛があって、ポニョと宗介くんの無垢な愛情がとても素敵だなあと思いました。グランマンマーレは、女性の、愛の象徴。監督から、私にとって難しい、ゆったり、色っぽく、優しく包み込むようにとオーダーを頂きながら、大いなる母という感じでやらせて頂きました。

所ジョージ［フジモト］

ポニョの父。海中でウバザメ号を操る。

宮崎作品ですからね、オファーがあった時はとにかく出ておかなければと思いました。フジモトは気持ちがポンポン変わって面白かったですね。行き当たりばったりなところと、真面目に話してるのかふざけてるのかわからないところは私と似てますね。最後の「ポニョをよろしく頼む」というフジモトはかっこよくて気に入っています。

奈良柚莉愛［ポニョ］

宗介に出会い、
人間になりたいと願うさかなの子。

ジブリ作品は大好きだったので、ポニョ役が決まった時は嬉しくて泣いちゃいました。ポニョは、優しいところもあるけど、ちょっとやんちゃで、イジワルっぽいところがある子。私と少し似ています。好きなシーンは、ポニョが人間の女の子になるところです。演じる時、宗介が大好きっていう気持ちをいつも持つようにしていました。

土井洋輝 〔宗介〕

崖の上の一軒家に住む、ゆったりとまっすぐな五歳の男の子。

ジブリ作品はたくさん見ていたので、出演が決まった時は、嬉しくて夢みたいでした。収録中はとても幸せでした。宗介とポニョとリサが僕のお気に入りです。最後の方の、ポニョのお母さんと宗介が話をするところが印象に残っています。宗介は、かわいいし、優しくて、しっかりしているから、なりきって頑張りました。

柊 瑠美 〔婦人〕

ポニョと宗介が出会う、赤ん坊を抱いた古風な女性。

七年ぶりのジブリ作品の出演。緊張しましたね。今回の役は「婦人」で、赤ちゃんがいるということで心配だったんですけど、監督から大正時代の落ち着いたお母さんだけど、生活感がない感じでいいと言われ、安心して演じることができました。この作品は、絵が綺麗で心が洗われると同時に、見ていてワクワクさせてくれます。

矢野顕子 〔ポニョのいもうとたち〕

稚魚の群れ。水球の中で育てられている。

セリフがない、人間じゃない役でしたけど、声と気持ちが直結しているものの方が私には合ってるなと思いました。いもうとの気持ちで、お姉ちゃんのために貢献できることが嬉しい。その気持ちだけでやりました。この映画には嫌な人がひとりも出てこない。ポニョも、情けないお父さんも、いもうとたちもお母さんもみんな大好きです。

吉行和子 ［トキ］

〝ひまわりの家〟の老人。

トキさんはイジワルなおばあさんだとはじめは思っていました。でもだんだん好きになって、監督に「トキさんは心は優しいんですけど、ストレートに愛情表現をできない人なんです」と言われて、その気持ちがすごくよくわかりました。そして、トキさんは監督のお母さまなんじゃないかしらと思いながらやらせて頂きました。

奈良岡朋子 ［ヨシエ］

〝ひまわりの家〟の老人。宗介と仲良し。

これは私たち人間が生きていく上での営みを手のひらで温かく包むような作品。時代に流されない人間の尊厳が基調にあります。アニメーションの仕事は初めてで、ヨシエさんはふくよかでゆったりしている人。私に合うかしらと思いましたけど、監督の「楽にそのままでやって頂ければ」という言葉から楽しくやらせて頂きました。

ポニョを読み解く8つの鍵

夏目漱石に意外なルーツあり

宮崎監督が読みふけっていた夏目漱石全集。それは、この作品に意外な影響を与えていたのです。漱石の、『三四郎』『それから』に続く前期三部作の三作目にあたる『門』の主人公は宗助。その宗助は「崖の下の家」に住んでいるというのです。こうしてみると、字は違いますが、この映画の主人公・宗介のもとになったことは明らかです。

また、漱石初期の作品『草枕』には、ロンドン留学時代に目にしたであろうテート・ブリテンに所蔵されているミレイのオフィーリアをヒロインに重ね、話中にオフィーリアについての記述があることはよく知られています。この絵に興味をもった宮崎監督は、実際に二〇〇六年の二月に訪英。テート・ブリテンを訪ね、この絵に衝撃を受け、次回作で「精度を上げた爛熟から素朴さへ舵を切りたい」と決断をしました。全ては、夏目漱石から始まったのです。

また、夏目漱石の誕生日は旧暦の一月五日。宮崎監督は新暦の一月五日。ここにも不思議な縁を感じずにはいられません。

ワーグナーを聴きながら…

宮崎監督がこの作品の構想を練っている最中に一番良くBGMにしていたのは、ワーグナーの楽劇「ニーベルングの指輪」の全曲盤でした。その中でも特に『ワルキューレ』について「この音楽を聴くとアドレナリンが出る」とスタッフに話していたという証言もあります。ワーグナーの音楽は人間の精神を高揚させる力に溢れているのです。

ポニョの本名〝ブリュンヒルデ〟が、ワルキューレの空駆ける九人の乙女たちの長女の名前からきていることや、娘を心配する父ヴォータンの魔法で娘は眠らされてしまうこと、そもそもワルキューレの世界観が、今まさに終わりの時を迎えようとしている神々の世界が舞台であることからもこの曲が作品作りに影響を与えたことは明らかです。楽劇に登場するヴォータンは神々の長であり、世界の終焉を回避しようとあれこれ奔走する設定。そこにはポニョの父親フジモトの姿が重なります。

謎の人物フジモトの正体とは？

フジモトはポニョの父親であり、グランマンマーレの夫である〝もと人間〟です。しかし、彼がどこから来てどういう経緯でグランマンマーレと結ばれたのかは、映画の中では明らかにされません。海の水から生命の力を集めて海の時代を取り戻そうと、日夜研究に励んでいる存在です。

宮崎監督によると、彼は、もとネモ船長（ジュール・ヴェルヌの『海底二万マイル』に登場するノーチラス号の船長）の船に乗っていた唯一のアジア人の少年だったとか。潜水艦の中で生活するうちに、海の素晴らしさに魅せられ人間を止めてしまった人物なのかもしれません。

月が作品にもたらす不思議な陰影

今回の映画には冒頭から印象的な月が登場します。それは、いつもより少し大きめで、気がつくと登場するたびにその存在が大きくなっているのです。宮崎監督は、世界のバランスが崩れたために月が接近し、地球が崩壊の危機に襲われていると述べています。月の接近により引力のバランスが崩れ、海面上昇が起こり、町は海中に沈んでしまうわけです。

しかし月が意味するものはそれだけではありません。月は、昔から、女性の象徴であるといわれています。ポニョの母親であるグランマンマーレも登場は夜であり、いつも月光に照らされているような光を浴びています。また、月は人間の精神をも左右するといわれています。満月の夜には自殺が多いとか、人間の精神に変調をきたすという説もあるほどです。また、月齢と潮汐《ちょうせき》の関係は、人間の生死にも影響するとも言われているように、人間という生物は月によって支配されているといっても過言ではないかもしれません。

水没する町ふたたび

宮崎監督の作品にはたびたび水没する町が登場します。有名なところでは『ルパン三世カリオストロの城』（一九七九年）の最後に現われる町。『パンダコパンダ　雨ふりサーカスの巻』（一九七三年）の大雨で水没したミミちゃんの町。『天空の城ラピュタ』（一九八六年）に登場した水中古代都市。今回も宗介とリサが住む町が水に沈んでしまいます。

いずれにも共通しているのは、濁流の濁った水ではなく透明な水に沈む町であるということです。宮崎監督は、以前、ディズニーの映画『ファンタジア２０００』の試写を観た時に、「惜しい。自分だったらフラミンゴが踊る水面下に沈んだ町を描くのに」と述べました。水没というアクシデントを描きながらも、宮崎監督は悲劇性よりも子供の心に感じた非日常的ワクワク感が思い出される情景を大切にしているのです。

宮崎監督はSF映画好き？

グランマンマーレが夜の海に現われる一連のシチュエーション、何かを思い出しませんか？　ふと船のエンジンが止まり、呆然としているところに、光り輝く物体が近づいてきて光の洪水が船の真下を通過する。通り過ぎると何事もなかったように、再びエンジンがかかり、船が動き出す。『未知との遭遇』的なシチュエーションです。また、フジモトがしきりと気にしている接近する月の姿について、「これは『妖星ゴラス』なんだ」とスタッフに説明していたそうです。また、フジモトがとどまっている海底のサンゴ塔は、どこか、SF映画に出てくる秘密基地のようでもあります。

ラーメンへのこだわり

宮崎作品にはとてもおいしそうな食べ物がたくさん登場します。『天空の城ラピュタ』の目玉焼きパンや、『千と千尋の神隠し』の天丼やあんまん、『ハウルの動く城』のベーコンエッグなど。本作で一番の注目はリサが宗介とポニョのためにつくった即席ラーメンなのです。宮崎監督は、ホウレンソウをのせたラーメンが好みだそうですが、これがなかなかうまく描けない。その結果、ネギになったということです。また、ラーメンの上に二枚のせられたハムから一枚をポニョが取って食べるシーンでは、アニメーターが上のハムを取って食べるように描いていたものを、作監のチェックで、汁に接してより熱くなっているだろう下のハムを取るように修正しているのも、細かいこだわりです。

古代魚たちの秘密

嵐によって起こった海面上昇で水没した町に現われたのは、古代デボン紀の水中生物たちでした。例えばボトリオレピスやディプノリンクスというのは、実際にデボン紀に棲息し、化石が見つかっている生物です。ただ、もう一匹登場している、〝デボネンクス〟とは？　姿はジンベイザメのように巨大で、しかし胴体は妙に薄っぺらいユニークな形をしています。実は、これは監督の想像上の古代生物。監督いわく「イッタンモメンみたいでしょう？」と。全く違和感のないフォルムに、宮崎監督の想像力と生物学に対する造詣の深さを感じることができるエピソードです。

Part3

作品の背景を読み解く

公開が二〇〇八年。死後の世界を描いている、東日本大震災を予見したなどの話題も生まれたが、この映画で貫かれているのはポニョと宗介の心の結びつきである。色々な見方があるにせよ、そこに多くの人が感情移入するのだろう。

また、山口智子の演じる母親リサの声に対する評価も高い。ナビゲーターの吉本ばななさんは、自分にとってこの映画のヒロインはリサである、山口さんの低めで説得力のある声が好きと言い、映画『この世界の片隅に』で声優として活躍した女優ののんさんも、リサにあのリアリティを与えた山口さんの声はすごいと話した。

●viewpoint

技術とかテーマだけでこの作品を評価するなんてモッタイナイ！

横尾忠則（美術家）

「アッこれは若冲《じゃくちゅう》の世界だな」とぼくは感じて、タイトルが流れるまでの冒頭の場面で、すっかり夢中になってしまったんですよ。クラゲだか泡だかがモコモコモコモコ増幅していって、そこへ魚もからまって、ものすごく密度の高い世界になりますよね。それからポニョのきょうだい達。おびただしい数の魚がゴッホの「星月夜」のように増殖しながらどんどんどんどん出てくる。この「量」の圧倒！

宮崎さんにそういう意識があったかどうかはわかりませんけど、ぼくは魚もひっくるめた若冲の動植物の緻密な表現を、最初のそれらのシーンに重ねていました。さらにクレーや晩年の抽象絵画の時代のカンディンスキー、それにシュルレアリズムのタンギー。その三人の作風がミックスされたものが迫ってくるようにも思われて、おのずと交響楽的な音楽が想像されたんです。ドビュッシーに「海」っていう曲がありますけど、実際に流れて耳に届いている映画音楽とは別の次元で、背後にそういう音楽を感じました。

そしてたとえばピラミッドだとか東アジアの巨大な涅槃像、または古代遺跡のような巨大なものには、共通して感じる霊的な力があります。あれは「ひとつの大きいもの」が発する独特の霊的なものですけれども、ここでは「無数のちっちゃなもの」が集まることで、巨大なものと同質の霊的な力を感じたんですね。だからぼくは「これは霊的な世界に入っていくのかな」と予感しながら観はじめたわけです。

そこにね、ポニョの父であるフジモトの乗った潜水艦が登場する。ジュール・ベルヌの『海底二万哩』や『神秘の島』に出てくるネモ船長のイメージがさらに重なって、「導入からいきなりすごい世界が暗示されてしまった！」とおののきました。

その「海」の動きがまたすごい！　ポニョの魔法がそうさせたのか、嵐を呼んで海が大荒れに荒れますね。人智を超えた自然の驚異を感じる海のうねりです。力のある海というと北斎の絵を思い浮かべたりもしますけど、ここでは北斎とはまた別の方法で（もちろん静止画と動画という違いがありますし）、海や自然のもっている力がスピードとデフォルメによって描かれている。魚のような形態のものに置き換えられている海の擬態。海がこういう風に擬態していくというのはシュルレアリズムの相当深いところにある意識によってだと思うんです。もう、絵で描けるギリギリのところで描いていらっしゃる。

宮崎さんは海を生命体として考えておられる。しかも意識をもっている生命体として。

アニミズムというのか、宇宙的なものを感じましたね。波頭に乗って走る人間ポニョには涙が流れましたね。

その後、地上はあたかも海底に沈んだかのような状態になります。ポニョと宗介が家の中からはじめて首をつっこんで水の中を見るシーン。そこにはいつもの日常世界が広がっているのに、古代の魚が泳いだりしている。ぼくが連想したのは、地上から海底に没してしまってそのまま超古代文明が残っていると言われるレムリアとかムーとかアトランティス大陸。そういう超自然的世界にいきなりポーンといってしまう。いつも見ている風景がいきなり時空を超えて古代になってしまうんです。それが日常と地続きで、違和感なく展開されている。いいなァ、うちの家だってそうなって水の中に広がったらいいのにナーって、あれはひとつの感動でした!

そんな海や水の表現もともかくとして、ストーリーにも非常に興味をもちましたね。洪水でじぶんの街が全部沈んで、ちっちゃなおもちゃの船をポニョが魔法で大きくして宗介とともにリサを訪ねていくわけですね。高台まで辿り着いて、ふたりは「トンネル」の前に出る。そのトンネルのことを「前に通ったことがある」って言ってましたね。でも、それまで、この話の中にはトンネルは出てこないでしょ。宮崎さんの『千と千尋の神隠し』、あのときのトンネルをぼくは想ったわけですよ。つまり異次元。あのトンネルを超えると、「神隠し」でも異次元に入っていきましたね。「前に通ったことがある」っていうのは観る客の「通ったことある」という体験っていう風に置き換えてもいいんじゃないかと。

トンネルの中でポニョがメタモルフォーゼ（変身）していきます。人間になっていたのに、再び魚にもどっていく。このトンネルは、人生の中といったら大げさかな、意識の中にだれもがもっているものだと思うんですよ。何度もそのトンネルをくぐりぬけてわれわれは成長している。でもそのトンネルに気づいていないんですよね。

ここでトンネルをいきなり出してきた宮崎さんの思考のスケールの大きさ！

一方でヨボヨボのおばあちゃんたちは海の底でしゃきっとして元気になっています。年齢を超越してしまって非常に元気になって「あちら」の世界へいってしまっているわけですね。「こちら」の世界では肉体の老化がどうにもならないんだけど、彼女たちは海の底に沈められたことによって回復した。

おばあちゃんたちはいみじくも「あの世もいいわねぇ」とか「竜宮城だと思ってたの？」とかいってます。どっちもあたっているんですよね。「あなたたちは死にましたよ」とそんなことはひとことも言われていないけれども、いきなりこんな体験をしている。そして世界が立ち直ったとたんにおばあちゃんたちも皆もとの三次元、物質的世界にもどってくるわけです。だけど、以前の老化現象はなくなって、すたすた歩いている。

おばあちゃんにとっては再生の物語。これってすごい発想です。

並行して終盤に向かってこの世界が非常に危機的状況になっていく。その理由についてそれほど詳しく説明はされていないのだけれども、最終的にポニョの母であるグランマンマーレやポニョたちが集結する。親も子も誰も似ていない。似ていないのを平気で親子関係として形成させてしまうという大胆さ！　つまり魂は親子でも別々なんです。それがここにあらわれています。

先にフジモトに対してグランマンマーレは「わたしたちはもともと泡から生まれたのよ」と語っています。フジモトだってもともと人間だったのが泡になってそこから今こうしているのか、泡から人間が産まれたのかよくわからない、さいしょはみんな泡だったのかもしれません。そのへんの設定は細かく説明されていない。観る側の想像にゆだねられていて謎であるし、同時に、描かれていない謎の部分に、観る側はひかれていくんじゃないかなァ。あえて言えば、宇宙から切り離されてこの地上で肉体になる前の魂の誕生のことを言わんとしているんだと僕は思った。

この作品には観る側の想像力でストーリーをうめていく、というところがたぶんにあります。それが作品のもつ普遍性につながっていると思いますね。わからないものはわからないものとして観る側に投げてしまえばいい。

こういうことをいっちゃあ宮崎さんに叱られるかもわからないけれども、われわれ物をつくる人間は、どうなるかわかっててものをつくるっていうことはないんですよ。「なぜこんな絵を描いているんだろう」、「この絵はどういう風になっていくんだろう」、「出来上がる絵は果たして何をあらわして何を伝えようとしているのか」というのは描き手であるじぶんにもわからないんです。

物をつくる人間は、問題提起をするだけなんですよね。「あとはみなさんどうぞ考えてちょうだい」と。宮崎さんだって「こうでなきゃいけません」というのではないし、「あなたの読み方は間違ってますよ」ということもたぶんおっしゃらないと思うんです。百人いれば百通りの、千人いれば千通りの観方がある、それでいいんじゃないかと。だからね、まァ色々いっちゃったけど、ぼくが言った通りにみんな観る必要もないいんですヨ！

ぼくはね、寝つきが悪いからまくらを七つももっていて、足で挟んだり抱きしめたりしながら眠るんです。そうすると波にのまれるような感覚になるんですよ。この間八つ目の枕を手に入れて、それが小さい真っ赤のマシュマロみたいな感触でふぁ〜んとして非常に気もちがよくてね、うちではポニョって呼んでるの。すっかり気に入っちゃって。この作品はぼくにとってなかなかのバイブルかもしれないね。非常に深い作品です!!

よこお・ただのり●一九三六年兵庫県生まれ。七二年ニューヨーク近代美術館で個展。その後もパリ、ヴェネツィアほか各地のビエンナーレに出品するなど世界的に活躍する。九五年毎日芸術賞、二〇〇〇年ニューヨークADC殿堂入り、〇一年紫綬褒章、〇六年日本文化デザイン大賞、〇八年『ぶるうらんど』で泉鏡花文学賞、一一年朝日賞、一五年高松宮殿下記念世界文化賞。

こたえあわせ

リリー・フランキー
（イラストレーター、作家）

二十年前の今頃〔注1〕。

日本は、バブル経済に浮かれていた、らしい。

というのも、僕個人は世間のそんな流れにはまるで関係なく、美術学校を卒業して就職もしないまま、日がな一日、中野のアパートに閉じこもっていた。

二十年後の今頃でいえば「引きこもり」と呼ばれるのかもしれないが、当時は携帯電話もインターネットもない。

家に引きこもったところですることもなければ、たまにやるバイト以外に出掛ける用事もない。

就職した友人たちはみんな途端にバブル経済に飲み込まれ、プータローの僕とは会話が続かなくなった。

子供たちは、浮かれた大人たちの言葉を聞きかじり、生臭いニュースが無味乾燥に伝えられている。

真夏の街角からは、ソウルオリンピックの歓声が鳴り響いていた。

何かが狂い出しながら、日本中が、これでいいのだと、ねじれ始めたあの頃。

世の中とも、誰かともつながることのできなかった僕の唯一の楽しみはレンタルビデオ店で借りてくる『未来少年コナン』を繰り返し観ることだった。

冷房のない部屋で、コナンのたてる水飛沫から涼をとりながら、コナンのひたむきな姿、人々やラナを想う、その心の強さと美しさに自分では理由のわからない涙を流していた。

そして、それから二十年後の夏。僕は『崖の上のポニョ』を観て、同じ種類の涙を流している。

でも、その涙の理由は自分ですぐにわかっていた。

『未来少年コナン』の時代設定は西暦二〇〇八年。

破壊的な威力を持つ超磁力兵器による世界戦争で、人類の大半は死滅し、社会、文明を失い、ほとんどの都市は海中に水没していた。

ちょうど今は、二〇〇八年の夏。

コナンで設定された二〇〇八年のように破壊的な戦争で、人類が死滅するには至ってはいないが、人の命を奪う争いがなくなることはない。

文明はただ、人々を傷つけるためだけに高度になり、実体のないコミュニケーションに中毒化した人々は、孤独と悪意と不信、不安に心を病み、未来に希望を、人間に信頼を持てず、自らの命を断っている。

文明は高度になり、社会生活がどれだけ便利になったところで、人の心の器には限界があるのだ。

強さも、弱さも、曖昧なことも。

『未来少年コナン』の世界で、人類を破滅に追い込んだ超磁力兵器とは、現代の社会における高度な文明が、人々の心を闇に葬ったそれぞれのことだったのかもしれない。

今、人々の心の磁場は大きく狂って、体内の方位計はぐるぐると回り続けるばかりだ。

そして、地球環境も目に見えて異常とわかる今、水没した都市から、人々の再生を描いた『未来少年コナン』の設定は、実はなにも外れていないのかもしれない。

ポニョは、ゴミだらけの海からやってくる。ひなびた港町に見えるが、それはかつての海に守られたその昔ではないようだ。月は終末を告げるように迫っている。

宗介の家は不安定に見える崖の上にある。現代的な親子関係の中で育てられている宗介だが、その心の無垢である部分、人々に対する慈しみは、いつの時代の子供たちと変わらぬ美しさを持っていた。

そんな宗介とポニョの出会いの日。

宮崎さんは、今、この世界の不安に怯えるすべての人々が一番聞きたい言葉を宗介に言わせる。

「ぼくが守ってあげるからね」

聞き慣れない言葉ではない。この瞬間も世界のどこかで、この言葉をくどき文句にささやいている者もいるだろう。

しかし、そのほとんどは無責任であるか、利己的であるか、無力であるか。個人主義がねじれたまま常識化された現代に、この言葉を純粋な気持ちで相手に伝えることはほとんど耳にすることがない。言葉の意味すら考えてない者ほどそれを口にする。だから人は不安になる。

しかし、宗介はその純粋さと混じり気のない決意でそれを口にする。

そして、宗介はそれを実行する。

ひとりの者を守り、救うためには、それ以外の人々やすべてを守らなければならないという原則を知っている。

個人主義の愛情には、正解がいくつも用意されているが、純粋な愛に、答えはひとつしかない。

「僕、お魚のポニョも、半魚人のポニョも、人間のポニョも、みんな好きだよ」

これはかつてあった人魚伝説とも、子供たちの純朴をクローズアップした物語とも違う。

これは、今を生きる僕たちの失ったもの、あきらめてしまったもの、不安の中で詭弁を覚えて手離してしまったもの。

つまり、すべての不安の原因に対し、答えはひとつしかないんだよと語りかける、現代を苦しむことで生きながらにして、心からまってしまった人々へのメッセージなのだ。

「生まれてきてよかった」

そう思えるためには、心ない言葉だけでもいけないし、ただ側にいるだけでもいけない。

通じ合い、認め合い、互いが同じ夢に向かって世界を変えること。

インターネットで検索しても出てこない。たったひとつの単純な正解を確認すること。

ポニョは確かな決意と愛情を持って、海の中から、宗介の元にやってくる。様々な妨害や異変が起きても、ポニョはあきらめない。引き離されても、泣くことすらない。ただ、一心不乱に宗介を目指す。

親に背いて、海のバランスを壊してまでも、まっすぐそこに向かう。

本当に確かなものを抱いている者は、どんな困難にあっても悲愴な顔はしない。信じているものがあるから。


僕は宗介を目指して、微笑みながら波の上を全力疾走で駆けてくるポニョの姿を見た時に、無意識のうち涙を流してしまった。

その涙の意味は、流れた瞬間にわかった。

宗介とポニョの混り気のまったくない愛情。それのできなかった自分の想い。

でも、その物語以上に感動をもたらしたものは、その画面いっぱいから津波のように溢れ出てくる、作画のエネルギーだった。

まず最初の涙は、宮崎さんの絵に、絵に対する恐るべき執着と愛情に泣かされたのだ。

人の心の荒んだこの時代。世界が希望を失ったこの世界に、普遍的なメッセージを作品を通して伝えることは限りなく難しい。

言葉やアイデアだけではどうにもならない壁がある。テクノロジーやマシーンでは、埋没してしまう温度がある。

それを実現するには、想いと、時間と、力と、圧倒的なエネルギー。作者自身がまず、全身と人生を削り取って注がなければならない。

宮崎さんの強い想いがスクリーン全体に憑依しているかのようだった。

映画を観終わって知ったことだったが、本作はＣＧを一切使わず、すべて手描きだったという。

現代のＣＧ技術ならば、手描きのような風合いも表現することが可能なのかもしれない。

そんなことは百も承知の宮崎さんが、すべて手作業に託した意味。

それは、宗介の血を吸って、ポニョに人魚の命が宿ったように、この作品、このメッセージは、全身と自らの指先を使って、一枚一枚の絵に魂を輸血しなければならないという、ポニョや宗介と同じ、純粋なる決意なのである。

そして、今、僕は『崖の上のポニョ』のコンテを手に取って、改めて、宮崎駿という人のとてつもない才能と作品に対する想いと、宇宙的なエネルギーを感じて、尊敬を遥かに超えた恐ろしさすら抱いている。

それは宮崎さんのコンテを見るたびに思うことではあるのだけれど、今回、全カラーで描き込まれたコンテを見ていると、また新しい奇跡を宮崎さんが血を流しながら生み出したこと、そして、どんな文明の時代にあっても、人々の心が求める奇跡は、人間の体温ある指先から血を注いで生まれるものなのだと語りかけてくれる。

智に働けば角が立つ。情に棹させば流される。意地を通せば窮屈だ。とかくに人の世は住みにくい。

ロンドン留学時代、神経を患ってしまった漱石の『草枕』から、このポニョの誕生のきっかけはあったとパンフレットには書かれてある。

そして、多くの人が心を病む今、宮崎さんはこの作品に身を削って、世界中の人々や漱石と答え合わせをしたのではないだろうか。

人の世は住みにくいけれども、やっぱり答えはひとつしかないんじゃないかな、と。その、ひとつしかない答えがこの作品にははっきりと描かれてある。

［注］

1　初出『スタジオジブリ絵コンテ全集16 崖の上のポニョ』月報2008年8月刊

りりー・ふらんきー●1963年11月4日生まれ。福岡県出身。武蔵野美術大学卒。イラストやデザインのほか、文筆、写真、作詞・作曲、俳優など、多分野で活動。初の長編小説『東京タワー オカンとボクと、時々、オトン』は2006年本屋大賞を受賞し230万部を超え、絵本『おでんくん』はアニメ化。音楽活動では、総合プロデュースした藤田恵美「花束と猫」（ポニーキャニオン）が「第54回 輝く！日本レコード大賞」において優秀アルバム賞を受賞。俳優としては、映画『ぐるりのこと。』でブルーリボン賞新人賞、第37回日本アカデミー賞最優秀助演男優賞（『そして父になる』）、優秀助演男優賞（『凶悪』）ほか多数の映画賞を受賞。16年にも第40回日本アカデミー賞、第59回ブルーリボン賞でそれぞれ優秀助演男優賞を受賞。

昔話から見た『崖の上のポニョ』

小澤俊夫
（口承文芸学者）

昔話は口で語って聞かせてきたおとぎ話だが、それは西洋言葉で言えば、ファンタジーである。そのファンタジーは、昔話の場合には個人の作品ではなく、多数の、無名の、主としておじいちゃんやおばあちゃんが語ってきたものなのである。したがって語り手の個人名はほとんどの場合特定できない。しかし、「子どもたちにわかりやすく語ってやろう」という気持ちだけは共通だった。その気持ちだけは、どの村でも、いつの時代でも変わらなかったであろう。そして、大きく言えば、どの民族でも変わらなかったであろうことは、容易に想像できる。

「わかりやすく語ろう」というときには、気持ちだけでなくそこに工夫が働く。耳で聴いている子どもたちにわかりやすく語ろうというわけだから、その語り口は単純、明快になる。その意味でストーリーの如何にかかわらず、語り口そのものには、つよい共通性がある。

昔話が単純明快な語り口でファンタジーを作り上げていることを念頭において、宮崎駿作品を見ると、そこには昔話と同じようなファンタジー技法で作られていることがわかる。昔話の独特な語り口を明らかにしたのは、スイスのマックス・リュティ教授なのだが、宮崎監督はマックス・リュティの『ヨーロッパの昔話――その形と本質』（岩波文庫）を知っているのかもしれないと思うほどである。

海の中でポニョが泳いでいる。引き網の中で、ガラスの瓶のようなものに入って人間に届く。そして宗介が石でその瓶を割ってポニョを出す。昔話も、重要な人物や物を、狭い空間の中に入れることを好む。桃太郎は桃の中に入って流れてくる。そして、爺さんと婆さんが桃を切ろうとすると中から子どもが出てくる。或いは、桃を切ると出てくるというきわどい語り方をする人もいる。ここでは、宗介が石でガラスを割ってポニョを出す。きわどいところだが、ポニョは桃同様に無事外に出る。グリム童話「ラプンツェル」では、ラプンツェルは塔の中に閉じ込められている。話の中の主人公であることがはっきり示されるわけである。

ポニョと宗介はいきなり言葉が通じ合っている。これはファンタジー作法の基本部分である。グリム童話一番「蛙の王さま」の冒頭、王女が泉のほとりで金のボールで遊んでいるとき、誤ってボールを泉の中へ落としてしまって泣いている。すると、蛙が現れて、「王女さま、なんで泣いているのですか」と尋ねる。王女は「わたしの大事な金のボールが泉の中に落ちてしまったの」と言う。すると蛙は「わたしがとってきてあげましょう。取って来たらどうしてくれますか」「いっしょにご飯を食べさせてあげる。遊んであげる」と王女は言う。写実的文学ならここで王女が言うべき言葉は「あんたはどこで人間の言葉を習ったの？」のはずである。ところが昔話では、人間とあちら側の世界の存在、いわゆる彼岸的存在との間に精神的断絶がないので、言葉は通じ合うのである。昔話の語法ではこれを、一次元性と呼んでいる。ポニョと宗介との間にも同じ法則が働いていることがわかる。

この作品全体に、昔話の語法でいう孤立性も働いていることがわかる。崖の上の一軒家がすでに孤立的だし、波の上を走ってくるポニョも孤立している。耕一の船とのライトによる交信の時のライトは特に孤立性を効果的に使っている。

波の上を走ってくるポニョの場面。緊迫感があって素晴らしい。あのポニョは、まるでスケートリンクの上を走るように、固い表面を走っている。これも、昔話の語法から見て、とても面白い場面である。昔話は、全体として硬質な、固体的なものを好むのだが、柔らかい物でも、固いかのように語る性質がある。「おむすびころころ」といわれる「団子浄土」の話では、おむすびが穴の中をころころと転がっていって、地蔵さまのところに到達する。このとき、おむすびは、決して途中でバラバラにならない。しかも、おむすびならべとべとしていて、途中で枯れ葉や草切れがくっつきそうなものだが、決してくっつかない。まるで、野球ボールのように固いものとして語られているのである。これは昔話のもつ固定性の表れというのだが、ポニョが波の上を走る痛快な場面も、まさに固定性を感じさせる見事な場面である。

その場面、最後には波に追いつかれそうになったその瞬間にむこう側に到達している。昔話は時間や場所や状況をぎりぎりまで使う。したがって、「すんでのところで」とか「あわや」という場面が好きなのである。昔話のもつ極端性の表れなのだが、ポニョが波に追いつかれそうになって、あわやというときにむこう側に到達したのは、まさに極端性をうまく使った場面だと思う。ロシアの有名な絵本「てぶくろ」の最後にも、たくさんの動物が入って満員のてぶくろに、熊が「どうしても入る」と言って割り込んでくる。それで「てぶくろは今にもはじけそうです」と語っている。

ポニョはしばらく見失っていたばけつとうまい具合に再会する。場所が一致したわけである。もちろん時間も一致しなければ再会できない。時間と場所の一致は、昔話でストーリーを進めていく上の重要な語り方である。グリム童話「十二人の兄弟」では、話の最後で、火あぶりの刑に処せられることになった妹が、薪の山の上に立たされ、薪に火がつけられた。火が燃え上がって、炎が衣の裾に燃え移りそうになったそのとき、兄たちの七年の呪いの時間が切れて、兄たちは人間の姿に戻り、妹の無実を証明してくれて、妹は救われた。これは極めてシャープな時間の一致である。

ポニョは人間になった。そこに喜びはあるが、魚が人間になった、その摩訶不思議自体への驚きはない。奇跡なのだが、ファンタジーでは奇跡自体に驚いたり、感激したりすることはほとんどない。それは伝説との違いなのである。伝説は、不思議なできごとや人物についての驚き自体を、これは後世に残すべきであるとして語る。だが昔話では、奇跡は、昔話の語り口の結果として当然起きることなので、それについての特別な驚きを語ることはない。ポニョの作品でも同じことが言える。

リサは夜中に一人で車を走らせて、ひまわりへ行く。これは宗介にとって大きな別れである。別れている間に宗介にとって大きな体験があり、それを克服することで、大解決へと向かっていく。昔話のストーリーの中でもこの別れはしばしば起きる。困難な状況をふたりで克服したあと、若者のほうが、母親に報告に行く。相手の娘は一人むなしく待っているのだが、若者は、母親のところでいろいろな状況に巻き込まれてなかなか娘のところに戻れない。この別れている期間が、ふたりにとっての大きな試練期間になるのである。

そして、大水が来て町じゅうが水につかる。だが、人々はみんな当たり前のように水の中で行動している。写実的文学ではありえないことである。これはまさに、あの浦島太郎の世界である。太郎は亀に誘われたとき、水の中へ行くことをいささかもためらっていない。しかも、竜宮城について、乙姫の親である神にあっても、いささかもたじろいでいない。まるで旧知の仲のようにすぐに会話をする。神話的世界であるはずなのに、太郎はまるでこの世の世間のようにふるまっている。精神的断絶がない。次元の違いがないのである。マックス・リュティはこの性質を一次元性と呼んでいる。これはファンタジーの基本的性質である。

ポニョと宗介の場面で、ポニョが「宗介、あついね。うれしいね」を繰り返している。昔話でも、好んで同じ言葉を繰り返す。耳で聴くお話の場合には、同じ言葉の繰り返しは特別に好まれる。特に子どもは、同じことをまた聞くことが大好きなのである。これはほんの一瞬の場面だが、作者の配慮の細やかさが感じられる場面である。

母の不在はふたりにとって大きな試練のときであった。多くの昔話で、母の不在が語られているし、その不在の間に、子どもにとっての危険が起きるのである。グリム童話「狼と七ひきの子やぎ」はその意味でよく知られているし、日本の昔話では「天道さん、金の鎖」でほとんど同じ場面が出てくる。

大水からの避難の場面で、知り合いの人とであう。そのあと、水の上を、また道の上のように歩いていく。柔らかい物でも固形の物のように語っている。

水からあがった所に、リサの車があった。緊迫感のある場所の一致である。昔話でもこうして場所を一致させて、緊迫した早いテンポでストーリーを前進させる。

水の中のひまわり園。住人の様子は地上と同じである。地上の世界がそのまま水中に移行されているといえる。昔話にもよくある場面である。例えば、グリム童話「ホレ婆さん」では、娘が泉に飛び込むと、泉の底には地上と同じ世界が広がっている。パン焼き窯があって、パンが「もう焼けたから出してくれ」という。娘がパンを出してやってさらに行くと、リンゴの木があって、「もう熟したからとってくれ」という。さらに行くとホレ婆さんの家があった。これはいわば、地上世界が地下にそっくりそのまま移されているのである。音楽の移調という技法と同じである。例えば、はじめハ長調で示したメロディをあとでト長調に移調して再現するという技法はしばしば使われる。音楽は耳で聞かれる芸術である。昔話も耳で聞かれてきたお話である。その意味で共通の技法がうまれたのである。「ポニョ」の場合は音楽ではないが、アニメ作品としてやはり時間に乗ってストーリーを進めていくので、こういう技法が有効なのであろう。

ポニョと宗介が手をつないでリサを探しに行くと、トンネルがある。昔話でも、こちら側の世界とあちら側の世界との間に、なんらかの境界線があることが多い。イギリスの昔話「かしこいモリー」では、モリーが人食い巨人から刀とか財布を盗んで走って逃げてくると、「髪の毛一本橋」がある。この橋の場合は、彼岸の世界からこちら側の世界にもどるときに渡らなければならないのだが、宮崎作品では、「千と千尋」の場合にも、彼岸の世界に入るときに渡らなければならないようになっている。

トンネルを歩いているうちに、ポニョは具合が悪くなる。境界線は強烈なのであろう。宗介がやっとのことで水際まで運び、水に入れるとたちまち魚になる。昔話では、形態の変化は一瞬にして起きる。グリム童話「いばら姫」では、百年間眠っていたいばら姫がキスによって突然目を覚まし、完全に元の元気な姫にもどる。「蛙の王さま」でも、壁に投げつけられた蛙は、落ちてきたときには美しい王子になっていた。しかも、蛙であった痕跡はどこにもない。

最後には、追ってきた波に呑まれそうになったその瞬間、無事に婆の手の中に入った。

最後のぎりぎりの瞬間である。「危ういところを」、「すんでのところで」という時間の使い方は昔話の常に好む表現であり、極端性の表れである。

ポニョは最後にキスによって人間に変身した。このときの変身も、瞬時に起きている。日本の「手なし娘」でも娘の腕が回復するとき、「あっ」という間に回復している。

語りの文法という観点からの指摘はこれまでだが、実は、テーマという観点から見ると、この作品は日本の昔話との関連が深い。「ポニョ」のテーマは「自然と人間」にあると思われるが、実は日本の昔話の根底にあるのは、「人間と自然との関係への考察」であると、わたしは思っている。

「ポニョ」を見たうえで、今度は昔話を読んでみたら、読者はもっと多くの共通点が見つけられるかもしれない。

おざわ・としお◉一九三〇年中国長春生まれ。筑波大学名誉教授。グリム童話の研究から出発し、マックス・リュティの口承文芸理論を日本に紹介。一九九二年より全国各地で「昔ばなし大学」を開講、一九九八年には独自の昔話研究と実践、若手研究者の育成を目的として「小澤昔ばなし研究所」を設立。一九九九年には季刊誌『子どもと昔話』を刊行し、昔話の研究と語りの現場を結びつけることに努めている。『ときを紡ぐ（上）昔話をもとめて』など著書多数。

私、ポニョなのかもしれません！

のん

（女優・創作あーちすと）

『崖の上のポニョ』を見たのは高校生のころです。実は、ジブリを初めて映画館で見たのが『もののけ姫』で、怖いという感情が植え付けられてトラウマになっていたんです。ストーリーもですが、皮膚感覚に訴えてくるようなエネルギーが映像にあって。それからは、『となりのトトロ』もＴＶで流れていると、「怖い！」と思っていました。『千と千尋の神隠し』は悪夢ちっくでしたが、そこまで怖くなかったですね。

でも今は『もののけ姫』のサンは演じてみたい役です。ああいう、強い野生的な女性の役をやりたいと夢見ています。最近、スチャダラパーさんとEGO-WRAPPIN'さんのミュージックビデオで、鼻血を出すシーンをやった時も興奮しました。アクション映画を見ててもヒーロー役をやりたくなるんです。だからジブリ映画だと、無鉄砲に駆け出すタイプのヒロインに魅かれます。ナウシカも、儚《はかな》げで格好良くて、演じてみたいです。

ラピュタだったら、シータじゃなくて、パズー役の方が出来るかもしれない……。

ポニョには、少し精神構造が似ているところがあるかもしれないです。「好きだから、行くのだー！」というパワー、けれど、必ずしも「いい子」じゃなくて、身勝手なところもある。「女の子」の純粋なパワーを感じます。宗介に会うために嵐になってもお構いなし。そもそも水面までポニョを守ってくれたクラゲを置いていってる（笑）。そこまでは共感できませんが、ファンタジーであるし映像の凄みがありますよね。

あ、私は「ポニョ化」してるのかもしれません。ポニョは名前をもらって、お魚から人間の女の子になったけれど、私は逆に、人間の本名から「のん」になったから。好奇心と突進力では、負けません！　でも私の方が安全です！（笑）

声で演じることの難しさ

私は、泳ぐのはそんなに得意ではないけど、海にたくさん潜らねばならない役をやった時に、なぜか、長いあいだ潜っているのは平気とわかったんです。海のなかを見ているのは好きですね。『ポニョ』も、オープニングの海の生き物たちがふわふわ揺らめくところ、ずっと見ていたくなります。美しくて、ちょっとおかしい。古代魚がうごめいているシーンも不思議です。

背景が時々、色鉛筆のようなタッチになるのも素敵です。絵を描くのが好きで「創作あーちすと」としても活動しているのですが（アーティストでは堅苦しいので、うさんくさく名乗ってます！）、色鉛筆は私にはとても時間がかかる画材なので、早く完成させたいと思ってしまって。『ポニョ』を見ていると、またじっくり挑戦したくなります。

ポニョでは、山口智子さんのリサが凄く好きなんです。去年はじめて、映画『この世界の片隅に』の主人公すずの声を演じさせていただいて、アニメーションの声優の難しさを実感しました。実写の演技では、相手の役者さんとのやりとりで演技のテンポが決まります。でも『この世界の片隅に』の場合、テンポやタイミングは片渕監督の映像によって作られています。その映像の中のすずさんの口の動きに合わせてセリフを話していく。声ではなくて音を使う感覚も必要でした。声優は「ナチュラルな演技」だと平坦になってしまうんですよね。その上で感情を動かしていくのがすごく難しくて。でも、新たな技術に挑戦という感じで、苦戦しながらも楽しかったです。

自分が苦労してみると、今まで以上に声の演技に注目してしまいますね。

のん●一九九三年兵庫県生まれ。二〇〇六年デビュー。アニメ映画『この世界の片隅に』で主役すずの声を担当し、第三十八回ヨコハマ映画祭審査員特別賞ほか多数受賞。写真集『のん、呉へ。2泊3日の旅』、ムック『創作あーちすとNON』を刊行。のん公式HP：https://nondesu.jp/

「海洋生物オタク」が見た ポニョとダイオウイカ

窪寺恒己（海洋生物学者）

最初に宣言しておきますが、私は宮崎駿監督の長編アニメーション映画の大ファンです。『風の谷のナウシカ』から『風立ちぬ』まで、息子たちの成長にあわせてＤＶＤやテレビ放映でも繰り返し見てきましたが、そのたびに新鮮で、感動とともに何かを考えさせられるのは、宮崎監督の不思議な魔法がかけられているのでしょう。

その中で、『崖の上のポニョ』は、頭足類（イカ・タコ類）の国際研究集会に参加のため、スペインのビゴに向う国際便の機内で見たと記憶しています。ずいぶんと幼児向けに振った作品だなと感じて、以前とはだいぶ肌合いが違うようにも思いました。その後、このアニメだけは何故か、テレビ放映などを見る機会がなかったのです。

今回、この原稿を引き受けるにあたって、ＤＶＤでじっくり鑑賞してみました。最初に驚かされたのは、オープニングの夜の海中に泳ぎ蠢《うごめ》く多種多様な海洋生物です。と中しますのも、私の専門は海洋生物学で、特に軟体動物門頭足綱（イカやタコの仲間）の分類や、動物地理、生態などを国立科学博物館在職中の三十有余年に亘って研究してきました。その間、「日本列島自然史総合調査」や「日本周辺海域の深海動物相調査」、「第二十八次南極地域観測隊員」、さらにインドネシア、タイ、ベトナムなどへの「海外学術調査」を通じて、イカ・タコ以外にも様々な海洋生物を採集しては名前を調べ、博物館の標本作りに精を出してきました。

ですから、いわば「海洋生物のスペシャリスト」あるいは「海洋生物オタク」と呼ばれてもいいでしょう。その私が驚いたのは、現れる生き物たちが、多少デフォルメされているとはいえ、実際に海に棲んでいる生き物たちを想起させ、分類学的に科名や種名が思い浮かぶほど特徴的に描かれていることです。いかに宮崎駿監督と描画チームが、海の生き物たちとその生きざまを綿密に勉強していたのかが窺われます。

専門家も驚いたオープニングの五分間

オープニングは満月の夜。海の中にはクラゲの大群、傘にかかれたマークから恐らくミズクラゲをモチーフにしたと思われますが、プカプカと傘を動かして雲のように漂っています。その中に群れを成して泳ぐ小魚（イワシの仲間）、そしてクラゲに導かれるように少し深い海の底に着くと、そこは海草（アマモやスガモ等）や海藻（カサノリ等）が繁茂し、ソフトコーラルや海綿の仲間が枝を伸ばしています。その間に、丸い斑紋の魚や鋭い歯をもつ平たい魚、ウツボやウミヘビのような細長い魚が潜み、海底には脚の長いタカアシガニのようなカニが歩き、アカモンガニ科の仲間と思われるカニの大群が岩にへばりついています。大きなマダコが中層を泳ぎ、多種多様な小魚にまじって、なんとオウムガイやコウイカの仲間も泳ぎ回っています。大きなエビ（イセエビの仲間）やソフトコーラルに寄り添っている小さなエビ（アミの仲間）も忘れてはいけません。

さらに潜ると、オールのような四本の脚をもつ潜水艇が静止しており、舳先にはシャボン玉のような結界が張られ、中に奇妙な一人の人物が立っています。突然場面が変わり、太陽の光がそそぐ海中にガヤガヤと動くかわった姿形の生き物たち。これらは動物プランクトンと呼ばれる微小な生き物で、描かれた姿から、コペポーダの幼生（ノープリウス）やクラゲの幼生（エフィラ、ストロビラ）、カニの幼生（ゾエア、メガローパ）、イセエビの幼生（フィロゾーマ）、ユメエビ、連鎖するサルパの群体などが分かります。ミズクラゲの大群と一緒に雲のように漂っていて、ミズクラゲの餌になっていることが暗示されているようです。クラゲのストロビラがいくつかの個体に分裂する様子も描かれています。北の海の妖精、クリオネも漂っています。

潜水艇の舳先に立つ青の縦縞のジャケットを着た長髪の奇妙な男は、長いスポイトで壺から液体を吸い上げては、海中にポタポタ垂らしています。結界に潜り込もうとしている細長い魚はヌタウナギでしょうか。結界の下側が明るく光り始めて、なにか不思議な化学反応が起きているようです。潜水艇の上方を、超巨大なイカが魚を引き連れて悠々と通過していきます。超巨大イカの外套膜《がいとうまく》にネオンのような光の帯が流れ、それに気付いた男はポケットからハンドライトを取り出して、あわてて光のシグナルを送ります。でも超巨大イカはちょっと反応を見せただけで泳ぎ去っていきました。

超巨大イカが現れたせいでしょうか、キアンコウやシーラカンスとおぼしき巨大魚も現れてミズクラゲを飲み込みました。潜水艇の外壁にはアオヒトデやニチリンヒトデ、パイプウニの仲間などの棘皮《きょくひ》動物や、タコやウミウシの仲間の軟体動物、イバラガニやベニツケガニ、ヒシガニ、シャコの仲間などの甲殻類、カイメンやイソギンチャクが付着し、アカエイやタツノオトシゴ、ツノハコフグなどの魚類がうろついています。ちょっと不思議ですが、最近人気のオオグチボヤや三葉虫とおぼしき古代生物も壁に蠢いています。深層性のリュウグウノツカイが長い体をくねらせて通過するのもお見逃しなく。

潜水艇の小窓から泡が立ち上り、人間の子のような顔をした珍妙な生き物が外に出てきました。赤い服に白い涎かけを付けた幼児にも見えますが、手も足もなく着物の裾をはためかせて魚のように泳ぎ、ノープリウスとおぼしき動物プランクトンをひと飲みにしました。後を追うように、窓からこの幼児魚のミニチュアがたくさん泳ぎだしてきて、

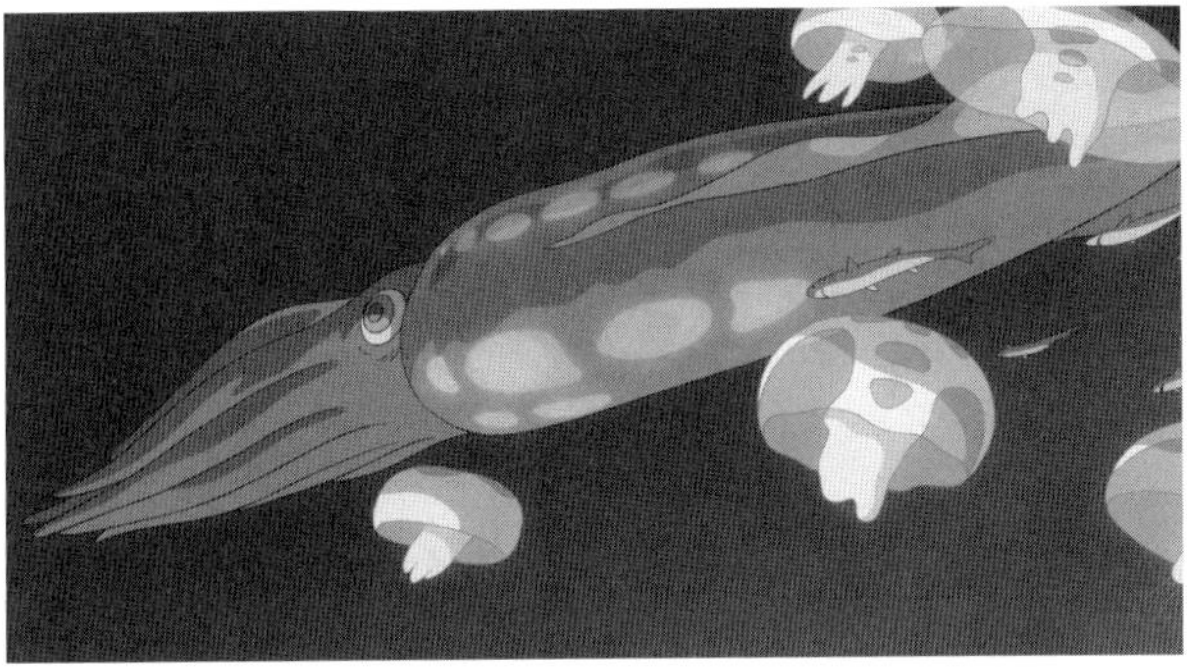

まるで赤いゴンズイ玉のようです。男が気配を感じて振り返りますが、大きなキアンコウが男の視界を遮《さえぎ》りました。このシーンの背景にも、サメハダホウズキイカやメンダコ、タコの仲間など私の専門の頭足類が描かれています。

赤い幼児魚はミニチュア達に別れを告げて、潜水艇を離れます。小さなクラゲの中に入り込んで、大きなクラゲの傘の上に乗ったまま海面へ。月の光が優しく差し込み、幼児魚はクラゲの上で眠りにつきます――ここでパステル画風のタイトル『崖の上のポニョ』とクレジット。その背景にも、鯨類やイカ・タコ、魚類、ウミユリ等のシルエットが描かれていますが、ヒレが四枚もある大イカはちょっと無理があるかもしれません。

オープニングは約五分。海洋生物の多様性と海の生態系の理解を促し、ストーリーを暗示するこの五分間の密度の濃さは半端ではありません。一度、超スローモーションや静止画像で観賞すると、ジブリ描画の奥深さが分かるかと思います。是非お勧めです。

フジモトはバイオサイエンス学者？

この後、赤い幼児魚の危機を五歳児の宗介が助けて、幼児魚は「ポニョ」と名付けられます。宗介とポニョが、陸の上と海の中という異なる世界を乗り越えて一緒になるハッピーエンドの物語と言えますが、ポニョが宗介を求めて陸に上がってくるときの大嵐と大高潮は、人間世界を水底に水没させ人々を冥府《めいふ》に送ることになり、二〇一一年三月の東日本大震災を思い起こさせました。でも、宗介の母リサとポニョの母グランマンマーレが何事か相談して最後はすべて元の世界に戻るので、良しとしましょう。

それはさておき、特殊潜水艇を操る茶髪・長髪の奇妙な男はフジモトという名で、かつては人間でしたが、今は海の眷属《けんぞく》として生きる魔法使い。ポニョの父ということになっていますが、生物学的に無理があります。恐らく、フジモトの実体は分子生物学者で、遺伝子組み換えの手法を用いて、温暖な海の沿岸域に棲むキンギョハナダイあたりに人間の遺伝子の一部を組み込んで、突然変異を起こさせてポニョを造りだしたのでしょう。キンギョハナダイは生まれてきたときは全て雌ですが、成長するにともない雄に性転換しますので、ポニョも大きくなると男の子になってしまうかもしれません。

フジモトが遺伝子操作に堪能な分子生物学者とすると、辻褄がよく合います。様々な生き物の遺伝子を組み換えた溶液を別々の壺に貯蔵して、海中に撒くことによって絶滅した生き物や古生代の生き物を蘇らせ、海洋生物の多様性を守っているのでしょう。風変わりな見かけによらず、まともで善良な海洋生物学者なのかもしれません。

デジャブ（既視感）——私とダイオウイカの遭遇

オープニングで最も気になる生き物は、やはりあの超巨大イカです。その正体はグランマンマーレ、ポニョの母でもありフジモトが愛する海の女神なのでしょうか。結界の中に立つフジモトの上方を優雅に泳ぎながら外套膜を虹色に光らせて秋波を放つと、それに気が付いたフジモトがあわててハンドライトを取り出して光の信号を送りました。でも、巨大イカはちょっと頷くように光を返しただけで、フジモトに近寄ることもなく、去って行ってしまいます。このシーンの、フジモトの諦めたような顔が気になりました。私のデジャブ（既視感）と重なるのです。

二〇一二年七月、東京から一〇〇〇㎞ほど南に位置する小笠原諸島父島沖、水深五〇〇mを超す深海で、私はトライトンと呼ばれる小型特殊潜水艇の直径四mほどの透明なアクリル球の中で、伝説の巨大イカ「ダイオウイカ」が現れるのをじっと待っていました。乗組員はパイロットのジム、カメラマンの杉田さんと私の三名。全てのライトを消した暗闇の中、潜水艇は細い糸で繋いだエサのソデイカが沈むのに合わせて潜っていきます。見えるものといえば超高感度カメラの小さなモニターがボンヤリと映し出す外の様子だけでした。水深六五〇mを超えたあたりで、杉田カメラマンが「あっ、来た」と短く叫びました。私もモニターに目をやると、確かに何かが映っています。それは、巨大なイカが腕をいっぱいに広げてエサのソデイカに襲いかかる瞬間でした。手元にあったペンライトでアクリル球の外を照らすと、薄暗い闇の中で巨大なダイオウイカがソデイカを抱え込んでいる様子がボンヤリと見えました。

自分の目で、もっとよく見たい――。

とっさにそう思い、ジムに外のＬＥＤライトを点灯するように指示しました。次の瞬間、白色の強い照明に、ダイオウイカが照らし出されました。ダイオウイカはエサのソデイカを抱えたまま逃げもせずに、ゆっくりと海の底へと沈んでいきます。トライトンもダイオウイカの沈んでいく速度に合わせて、一緒に深海を降下していきます。ダイオウイカの体が回転するにつれて、金色から銀色へ、銀色から金色へ、刻一刻と色が変わっていきます。長い腕が踊りを舞うように優雅に波打って、神々しいばかりの美しさでした。

今までまったく思いも浮かびませんでしたが、今回『崖の上のポニョ』を見直すと、私が遭遇したダイオウイカは、まさしく宮崎駿監督が描こうとした海の女神、グランマンマーレそのものであったと確信しました。そうです。私が丸いアクリル球の中から当てたペンライトの光が、フジモトのハンドライトのシグナルに違いありません。グランマンマーレが去って行って諦めたようなフジモトの顔が、ダイオウイカが去った後の私の呆けた顔にオーバラップします。二〇〇八年に宮崎駿監督が想定したシナリオが、二〇一二年に小笠原の深海で現実となったのです。

このダイオウイカとの深海での遭遇は、二〇一三年一月にＮＨＫスペシャル『世界初撮影！深海の超巨大イカ』として放送されました。今でもＮＨＫオンデマンドで見ることができます。(https://www.nhk-ondemand.jp/goods/G2013046478SA000/)

宮崎駿監督は、丸い透明な球体の潜水艇に乗る人間と、ダイオウイカとの遭遇を予感していたのでしょうか……。

くぼでら・つねみ●一九五一年東京都生まれ。水産学博士。国立科学博物館無脊椎動物研究グループ長、標本資料センター・コレクションディレクターを務め、二〇一六年定年退職。国立科学博物館名誉館員・名誉研究員。二〇〇四年、小笠原沖の深海でダイオウイカの生きている姿を世界初で撮影。二〇一二年ＮＨＫと共同でダイオウイカの生態映像の撮影に成功し、世界中を驚愕させる。二〇一四年、第七回海洋立国推進功労者表彰で内閣総理大臣賞。現在、日本水中映像（株）非常勤学術顧問。

緊張、そして

伊藤理佐（漫画家）

当時（二〇〇八年）は、結婚したばかりで、でも三十九歳で、はやく「おかあさん」というものになりたかった私は、この「リサー」に、激しく緊張した。この「リサー」が、ポニョと宗介に作ったインスタントラーメン。うまそう。しかし、（こ、子供に食べさせていいんだっけ？）と、思ったのだった。今年（二〇一七年）、小学二年生になったムスメにインスタントラーメン作ってるなあ……　ポニョ、なにもかもみな懐かしい。

（艦長顔で）

いとう・りさ◉1969年長野県生まれ。1987年「おとうさんの休日」でデビュー。「おるちゅばんエビちゅ」「おいピータン!!」「ヒゲぴよ」「おんなの窓」「おかあさんの扉」など著作多数。2005年、『おいピータン!!』で第29回講談社漫画賞少女部門受賞。06年『女いっぴき猫ふたり』など一連の作品で第10回手塚治虫文化賞短編賞受賞。

ポニョから学んだ歌舞伎の神髄

傑作の秘訣は朝いちばんのタワシ健康法にあり!?

初めてポニョを見た時は映画館で立ち上がって拍手をしたという海老蔵さん。
公開当時、二〇〇八年に行われた対談です。

宮崎 駿（映画監督）×**市川海老蔵**（歌舞伎俳優）

市川　お目にかかれて、ほんとうに嬉しいです。宮崎監督の作品はすべて、繰り返し見させていただいてます。今日は、小金井のスタジオジブリまで、神聖な気持ちで来ました。

宮崎　いやあ、私は歌舞伎をいちどしか見たことがない人間なんです。いいのかな。

市川　最新作の『崖の上のポニョ』も素晴らしかった。歌舞伎座で公演中だったので夜の部がおわってレイトショーに駆けつけたんです。冷房対策にもっていったバスタオルが涙でびしょぬれになるくらい感動しました。

というのも、僕はそのとき歌舞伎座で『義経千本桜《よしつねせんぼんざくら》』の狐忠信《きつねただのぶ》という役を務めさせていただいてまして、これは人間ではなくて、キツネの子なんです。親狐が人間にさらわれて鼓の皮にされてしまったので、せめて一目会いたいと、人間に化けて長い旅をする。

宮崎　ほう。

市川　僕も人間として生活していますので、やっぱりキツネの気持ち、親狐をひたすら恋うて追う姿を、理解しようとしても、本当にはわからないまま毎日演じていたと思います。

でも、ポニョを見て「これだ！」と氷解したんです。さかなの子のポニョが「宗介、だーいすき！」といって五歳の男の子のもとにやってくる。しかも人間になりたい一心で、ポンッと手足が生えて半魚人になって、それから五歳の女の子に変身して、魔法で大洪水まで起こしちゃう。その人間にはないひたむきさ、ばーっと走る純粋さが身体で理解できて、次の日から僕の芝居、ぐっとよくなったと思うんです。

宮崎　ありがとうございます。そういうふうに喜んでくれる方に出会えて、『ポニョ』は幸運な映画なんだと思います。やっぱり、映画の運、不運はありますからね。

市川　宮崎監督の映画にめぐりあえた僕らが幸運ですよ。不遜な言い方ですが、僕はぼんぼん育ちなので（笑）、ひとを認めることに対してあまのじゃくなんです。百パーセント素直に「素晴らしい！」と思えるのは、いま生きている日本人で宮崎監督おひとりだけです。『もののけ姫』（九七年）のころ引退されると聞いてがっかりしたんですが、

『千と千尋の神隠し』（〇一年）を作られてほっとしました。

宮崎　ええ、やめるとは何度も言ってるんで、もう誰もとりあってくれませんね。『もののけ姫』は、幸せな映画じゃないですから。アニメーションは、見たあとに、面白かったなとちょっと気分が変わるものが基本ですが、『もののけ姫』はその基本を踏み外している。いつまでもおめでたいものを作れるかという無謀な気分が、僕自身にも、スタジオにも鬱積していたんです。でもつくってみたら、みんな胃がキリキリして、疲弊しきった。高畑勲監督の『火垂るの墓』のときも、『火垂る』の班のスタジオにいくと空気がねっとりして、匂いが違いました。追い詰められた人間は体臭が変わるんですね。

市川　たしかに、何度も見たい楽しい映画ではないですね。

宮崎　その点、『ポニョ』は試写のときにスタッフから笑いが出ましたから。かなり陽気に、のびのびと作れた映画だと思います。

名前を継ぐこと、型を継ぐこと

市川　笑ってしまうシーンもたくさんありました。ポニョはいたずらっ子で、海の世界から抜け出そうとしては、お父さんから「ブリュンヒルデ！」と本名を呼ばれて怒られてましたね。

宮崎　ちょうどワーグナーを聴いていたので、「ワルキューレ」の戦いの女神の名前にしたんです。でも結局、宗介がつけてくれた名前「ポニョ」をえらんで人間の世界にのこる。ポニョのお母さんも「いい名をもらったのね」というでしょう。名づけることって重大なんです。歌舞伎の襲名もそうでしょう？

市川　ええ、成功者の名前は継がれるべきだと思います。いい名前には、波動がある。僕の本名は堀越孝俊（寶世・二〇一五年二月改名）ですが、まず七代目市川新之助、それから十一代目市川海老蔵を襲名しました。元禄時代に荒事を構築した市川團十郎がいて、その市川家の名前を襲名した瞬間に、化学変化がおきます。心構えというより、体質が変わるんです。

宮崎　おもしろいねえ。僕も名前を変えようかな。宮崎ハヤオをやめて、宮崎オソオ、いっそグズオか（笑）。

市川　変えないほうがいいと思います（笑）。二代目襲名はどうですか。息子さん（宮崎吾朗氏）が『ゲド戦記』を監督されましたよね。

宮崎　襲名したがらないでしょう。僕らの仕事、アニメーションという世界には引き継ぐべき「核」がないんです。歌舞伎でいう「型」をもっていない。というより、意識的に「型」をなくそう、前のものをぶっこわしてやろうとして、何十年も進んできてしまったから。

市川　歌舞伎は世襲制なので、父親を師匠として教えを乞わないと、一歩も前に進めないんです。とくに「型」が重要なものは、師匠に頭を下げて教えてもらわないと、裸で舞台にたつようなものです。
　世襲のよい面は、幼いころからとにかく型を叩き込んで舞台にたたせてしまうこと。現場を体験して、わからないところが出てきたら師匠に聞きにいかせる。一年に十カ月くらい舞台に出ますし、毎月あたらしい演目だから、絶対わからないことだらけなんです。

宮崎　なるほど。型を学ぶのは大事なことで、今こそ取り戻したほうがいいと思うんです。日常生活でも、僕は若いころ、権威なんか認めたくない、ぐうたらに生きてやれという考えだったから、本当に型を失ってしまった。母親は厳しくて、「うん」と返事をしたり、箸の使い方が違うと、烈火の如く叱られたけど、長患いしている間に僕らの礼儀作法は崩れてしまった。息子どもが礼儀知らずに育ってしまったと、よく嘆いていました。

けれんの見せ方、嘘のつき方

市川　アニメーションには型がないとおっしゃったけれど、宮崎監督は、ご自分の「型」をつくりあげられたのではないですか。たとえば、空を飛ぶシーン。『風の谷のナウシカ』『天空の城ラピュタ』や『魔女の宅急便』、もちろん『紅の豚』も、空を飛ぶところは、みんな独自のスタイルがあって気持ちいい。

宮崎　それは型というより、自分の好みですね。飛行機や乗り物から観た風景が好きという。

市川　空を飛ぶといえば、狐忠信の役で「宙乗り」をしました。本来この役はキツネの動きが「飛ぶが如くなり」というだけだったのを、市川猿之助さんが宙乗りという型をつくられた。でも宙乗りは、ワイヤーで吊られている線がお客様に見えてしまいます。そこで僕が座頭をつとめた『雷神不動北山櫻《なるかみふどうきたやまざくら》』では、デビッド・カッパーフィールドという、ラスベガスのイリュージョン・デザイナーに教わって、線もなにもなくふわーっと飛ぶ、空中浮遊に挑戦したんです。

宮崎　面白いですねえ。僕、そういうけれんは大好きです。

市川　歌舞伎では初めてです。でも歌舞伎界の大先輩方、長くご覧になっているお客様方は、やはりけれんというものをちょっと格下に見ますね。

宮崎　でも、新しい観客を開発するには、どうしてもけれんが必要です。日常性が吹っ飛びますから。アニメーションでも、けれんを一生懸命考えますよ。作品ごとに、嘘のつき方のレベルを決めるんです。『ポニョ』くらいまでふっとんでしまう場合は、辻褄なんてどうでもよろしい、と。

市川　そこをぜひ伺いたい。嘘のつき方の基本は、なんでしょう。
宮崎　つまり、この映画にとって何が〝本当〟か。その〝本当〟を外さなければ、日常的な辻褄が合わなくても大丈夫です。ただ、説得力のある嘘をつくためには工夫がいる。たとえば空を飛ぶなんて、アニメーションでは簡単です。飛んでる人間を描いて、背景を動かせばいいんですから。
市川　あ、そうか。
宮崎　だからこそ、『魔女の宅急便』ならば、箒にまたがった魔女が飛ぶとき、最初は浮力が箒だけにかかって股が痛そうですから、魔女の身体自体にも浮力が同時に生まれるんだ、と描くんです。スカートとか髪の毛が逆立つとかいう表現をします。つまり、慎重に嘘をついていくんです。お客さんが「飛べる」ということに納得すれば、いくらでも大胆に嘘がつけます。
市川　よくわかります。歌舞伎も不思議な話ばかりで、お客様がそういうものと認識するまでが勝負ですね。
宮崎　辻褄でものを見る人は、百人いたら十人でも、今の世の中は、そっちの声ばかり大きいんです。でも、気持ちの辻褄さえ合っていれば大丈夫。
僕は、舞台の本質はけれんだと思う。平賀源内が遠近法で千畳もありそうな大広間の書割をはじめて描いたとき、観客はうおーっと驚いて、評判になったはずでしょう。昔は大道具にも声が飛んだというから。

市川　実は長年の夢なんですけれど、僕は宮崎監督の最初の長編映画、『ルパン三世 カリオストロの城』を歌舞伎でやりたいんです。

宮崎　ええっ。歌舞伎でですか。

市川　ルパンがクラリス姫を救出にいくために、屋根から屋根へと飛んで立ち回りをする有名なシーン。あれを石川五右衛門でやりたい。しかも、いまヒントをいただいたんですが、舞台一面すべて屋根にしたいんです。

宮崎　それは面白そうだ。最近、時代劇でも屋根の上のチャンバラをみないですからね。

市川　嬉しいな。監督のお墨つきがあれば百人力です。歌舞伎には素晴らしい伝統があって、あらゆることがやり尽くされているからこそ、自分が本気で面白いと思えることを追求して、新たなものを付け加えたいんです。

宮崎　古いお客にとっては、ブツブツ小言をいいながら見守るのも、娯楽のうちですよ。僕は試写会がいやなんです。関係者ばかりだと、つまらなくても本音を言わないでしょう。

市川　日本のお客様は優しいですよね。パリのオペラ座や、ロンドン、オランダでも舞台に立たせていただきましたけれど、芸術にお金を払うことにたいして価値観がはっきりしているから、厳しいところは厳しい。でもそれはありがたい反応でした。

宮崎　そう思う。いっそ「カネ返せ！」と怒鳴られたほうがいい。僕は、映画や舞台は、観客が文句をいう権利があるジャンルだと思うんです。本やレコードと違って、一定の時間を拘束するし、気に入らなくても、途中で劇場を出るのはなかなか勇気がいる。だから批判されるのはやむをえません。もちろん不快ですけどね（笑）。

市川　僕は中高生くらいのとき、若気のいたりで、観客席に降りて文句いったことがあります（笑）。というのも、そのお客様がまったく舞台を見ず、ずっと眼鏡を拭いている。僕の前に出ていた役者さん方も気にしてたんですが、きっと俺のファンだろうと思っていたら（笑）、やっぱり舞台を見ない。「どういうことなんですか」と。

宮崎　ハハハ。僕は出ていって反論したいですね。ちゃんと見ろとか（笑）。イタリアみたいに腐ったトマトを投げつけられるのはイヤだけど（笑）。

市川　歌舞伎は日本的なもので勝負するけれど、『アルプスの少女ハイジ』はスイス、『魔女の宅急便』ではヨーロッパ風の街が舞台だし、『ハウルの動く城』のように外国の原作もある。それが海外で自然に受け入れられたのが素晴らしいですね。

宮崎　それはちょっと違うんです。なにせ『ハイジ』のときは、スイスの田舎の暮らしのことが本当に自分たちに判っているのかどうか、自信がなかったんです。ずいぶん調べてロケハンにも行きましたが、ヨーロッパで放映が始まったときはヒヤヒヤしました。

市川　そうなんですか！

宮崎　『魔女の宅急便』は無国籍な物語だったので、わざとサンフランシスコ、パリ、ストックホルム、イタリアの広場を合成しました。ところがヨーロッパ人にはきちんと様式があって、具体的な場所がすぐわかるそうです。アメリカ人は日本人と同様に、全然わからない。様式というものが意味を失っているから、いろんな国を混ぜたおかしな建売住宅をつくってしまうわけです。無国籍なヨーロッパものって、日本の通俗文化にずーっとありましたが、それ自体が無理矢理の近代化のせいで、本当はその地方地方が頑固な田舎の集合体がヨーロッパなんですね。

だから安易なことはできない。まるで下駄を履いて座敷を歩くような、家の玄関に鳥居が立ってるような世界を描かないようにしなくては。

市川　心強いです。歌舞伎でも、たとえばくぐり戸を入るとき、臆病な人は頭からではなく足から入るとか、ひとつひとつ意味がある。現代のお客様には理解できなくても、型や様式の意味を蔑《ないがし》ろにしてはいけないですね。

日本のアニメーションの未来

市川　歌舞伎をご覧になったときは、どう思われましたか？

宮崎　実は演目も役者さんも覚えてなくて、歌舞伎座の三階建ての建物が、とても印象深かった。なんとも色っぽい空間ですね。椅子はよくないけど。

市川 二〇一〇年から建て替えになるんですが、やっぱり歌舞伎座は僕らにとっても特別な芝居小屋です。パリのオペラ座も同じで、そこに立つだけで空間から受けるパワーがすごい。

宮崎 お客さんも着物で装ったりして、非日常を味わいに来てますよね。隣の人がから揚げをすすめてくれたし（笑）。芝居は生々しくて、色っぽいところがいい。それにくらべると、アニメーションは乾いてるなあ。

僕は日本のアニメーションは行き詰まってると思うし、この先どうなるか、まったく見当がつかないですね。

市川 まさか、世界の宮崎監督が、そんなことはないと思いますけれど。

宮崎 そもそも日本のアニメーションが世界中でたかく評価されているというのは、嘘だと思う。この数十年、アメリカもヨーロッパも文化的に行き詰まっているし、そこから弾き出された若者たちが世界中にいて、たまたま日本のアニメーションに出会っただけです。彼らの国で、日本のアニメーションが認知されているかといえば、まったく違います。

市川 うーん。

宮崎 とんでもない作品もたくさんあるし、だいたい朝から晩までケーブルテレビでアニメーションが流される環境になれば、忌まわしいものと認識する人がいるのは当然です。僕も向こう側にいたら、いやだろうと思う。

市川　アニメだけでなく、日本の漫画も世界で読まれていますよね。麻生首相（当時）も愛読者だそうですし。

宮崎　でも、あれだけ通勤電車のなかで大人が漫画雑誌を読んでいたのに、もはや激減しているでしょう。いまは全員が携帯電話をみつめているけど、この時代もいつか終わるはずです。

僕らがアニメーションをつくり続けてこられたのは、一九六〇年代以降、たまたま基本的な価値観が変わらなかったから。高度成長期があったり、バブルが弾けたりしても、大きな流れは同じです。だから、もし戦争があったり価値観が一変したら、ある日とつぜん消え去っても不思議はない。

それに、アニメーションやゲームで育った世代が、豊かな映像を作れるのか、疑問です。アニメーションの動きを描く能力は、身体の記憶によるところが大きい。そのセンスは訓練では教えられない、その人の「持ち物」なんです。いまの若い世代は、その身体の記憶が圧倒的にすくない。

市川　なるほど。歌舞伎の型も、まさに身体の記憶です。

宮崎　僕はスタッフが、臆病な線を描いたり、慣れた線を描くと腹立たしい。いい原画は、僕が描いた絵コンテよりも大きな動きが入ってきますよ。

市川　大きな動きというのは？

宮崎　たとえばリンゴを取るときに、手をのばす前のスタートの絵と、リンゴをつかんでいる絵をかいて、その間に何枚か絵を入れると、たしかに手は届きますが面白くないんです。その動きの途中に、どんなおかしな絵やふくらんだおおらかな軌跡の動きが入るのかで、リンゴをとるだけじゃなくて、その人物の気持ちや、心にかかえている屈託まで表現できるんです。ゴールが決まってる動きはつまらない。正確でなくても、歪んでいても、「こんなふうに動けたら気持ちいいな」というほうが絵が膨らむ。そういう野放図な絵がかける若い人は少ないですね。

市川　あいだが大事なんですね。歌舞伎も、型があるからゴールは見えるんですが、なぞったら動きが死ぬ。全部飲み込んで役に入れれば何をしてもいいけれど、度胸がいります。

宮崎　『ポニョ』でCGをつかわず手描きに戻ったのは、そのほうが自由に描けて楽だからなんです。たとえば子どもが歩くところをよく観察すると、足を一定に交互に出したりしない。トテテ、トテ、トテ、とふらふらします。走ってスカートが翻《ひるがえ》っている様子なんて、もっと複雑です。これまでは時間的、経済的な理由から、同じ画を繰り返して動かしてきたけれど、もう、全部描いちゃえ！と。

市川　たしかに、ポニョも宗介も、今にもころびそうだった。

宮崎　それから、背景の水平線も、宗介の家も、歪んでていいと決めた。僕らは二つの眼で見てそれを脳内で合成しているけれど、カメラのレンズは一眼でしょう。本来、肉眼の記憶と写真はぜんぜん違うんです。『ポニョ』では肉眼を選んで、遠近法をあてはめずに自在に描いてもらいました。

そもそも写真は、画家が風景画の下絵にするためのものだった。ところが、しだいに写真の眼が、自分の見方になってくる。いまは、デジタルカメラの眼で世界をみてる人も多いですよ。

市川　うわ、怖い。実は、むかしの歌舞伎は台本がなくて、書き抜きという自分の台詞だけ渡されるんです。だから先達の舞台を見たり、教わらないと芝居ができない。でも今は台本にすべて書いてありますし、ビデオやDVDも豊富だから、映像さえ見ればできてしまう。先輩方がよくそれを懸念しているんですが、その恐ろしさが本心から理解できました。

宮崎　かくいう僕の眼も、ディズニーや手塚治虫の見方の延長にあります。もし、まっさらな眼で世界を見て、風景画を描けたらいいだろうなあと思いますが。

市川　いまから油絵に挑戦されないんですか。

宮崎　夢見ることはありますが、もう手遅れですね。イギリスのテート・ギャラリーでウォーターハウスの『シャーロットの女』をみた時、夢見た光景が十九世紀にすでに描かれてると悔しかった。ぼくらは修練すべきときに、そのチャンスを逃しました。

ジブリの子どもたち

市川 お隣のジブリの保育園が見えたんですが、宮崎監督の世界そのままの、すてきな建物や庭ですね。

宮崎 スタッフに次々子どもが生まれたので、今年（二〇〇八年）、企業内託児所としてつくったんです。現代のお母さんたちが、すごく神経質にならざるを得ないのもわかる。変質者のニュースがあったら、表で遊ばせておくのも不安だし、かといって家の中に子どもと二人でいたら、かならず軽いノイローゼになる。

僕はお母さんたちから、「子どもが『となりのトトロ』を百回くらい繰り返し見てます」ときくと怖いんです。一回でじゅうぶん。あと九十九回分の時間は身体をつかって遊んでほしい。テレビやゲームのヴァーチャルな世界でなく、自分の眼でみたもの、身体の感覚を大事にしてほしい。そのためにいいと思う空間をつくってみました。

市川 どんな空間なんですか。

宮崎 バリアフリーの正反対で、階段や高い縁側をつくったり、地下室への穴がぽっこりあいて梯子がおろしてあったり。畳と掘炬燵、障子もありますけど、不思議と破かないですね。やることがたくさんあって、障子に穴を開けてるヒマがないのかもしれないし、これから破くのかもしれません。

市川　探検しがいがありそう。

宮崎　子どもたちを見ていると、テレビなんていらないことが、実によくわかります。子どもたちは、地べたや石ころがあれば勝手に遊ぶんです。木登りして、得意げに手をふる奴もいるし、池の金魚が足元を泳いだだけでびっくりして泣いた子が、だんだん水陸の区別なく出入りして、水まで飲む（笑）。

僕の年齢のせいもあると思いますが、庭の生垣ごしに子どもたちが遊んでいるのを眺めるだけで幸せになりますね。昼寝をしている頭が並んでるだけで、じわーっと幸福になる。

市川　最高の贅沢でしょう。水槽の可愛らしいお魚を眺めるみたい。

宮崎　子どもの適応力って、実に見事です。オムツをしている子でも石の階段をのぼれるようになるし、誰かがつくった砂団子を食べて、うぇーという顔をして吐き出してる子は、もう砂を食わなくなる。最近の子は、顔から転ぶなんていうけれど、それは転んでいい環境を与えなかったからだと思います。

市川　都会では、なかなかそういう環境はつくれないですよ。

宮崎　普通の保育園でもできると思いますが、まず、お母さんの意見をききいれないことが大事なんです。それが可能なのは、親たちの上司である僕と鈴木（敏夫）プロデューサーが職場の権力を利用している、という事情はありますね（笑）。

市川　監督は、子育てにずっと関心があったんですか。

宮崎　結構若い時に父親になったので、何が何だかよく判らなくて、「パパは何でも知っている」の逆でした。まだ自分が何者になるのか判らなくて、焦りや不安の中にいたんですから、とてもいい父親とはいえなかった。この歳になったら、誰の子でも可愛いし、何かしらいいところが見つかる。

このごろ、楽園というものの原型は、幼年期の記憶ではないかと思うんです。小さな子が夢中ですごしたある夏の日が核になって、大人になってもその人を支えるんじゃないか。映画でそういう小さな子の時間を楽しいものにできる作品をつくりたいですね。

市川　『ポニョ』で「生まれてくる子どもたちを祝福したい」とおっしゃったのは、具体的な対象があったんですね。

日常にも型がある

市川　宮崎監督の型を学びたいんですが、毎日どう過ごされるんですか。

宮崎　あまり人に言えるようなことはしてないです（笑）。七時半ごろ眼が覚めて、八時ごろまでグズグズしたあと、冬でも思い切って窓を開けて、タワシで全身をこするんです。

市川　僕も朝、お風呂でタワシでこすってます！　嬉しいなあ（笑）。亀の子タワシですか？　背中は？

宮崎　普通の亀の子タワシと、背中は紐のついた棒状のタワシです（笑）。実は『ポニョ』にとりかかった六十五歳ごろから健康がもたなくて、とにかく朝起きてスタジオにきても、仕事にならない。女房の叔父さんがちょっと不思議な人で、タワシ健康法で百二歳まで生きたので、真似したんです。そのあと自己流の体操をして、近所の、淵の森と呼んでいる、自分たちで管理している森にいきます。

市川　森で散歩されるんですね。

宮崎　いえ、ゴミを拾いながらぐるっとまわる。エコロジーというより、自分のテリトリーにゴミがあると不愉快なだけなんですよ。でもゴミって放置してると増えるけど、毎日拾ってるとなくなっちゃって、必死で探すと白いキノコだったりする（笑）。それから駅前の喫茶店でコーヒー飲んで、帰って朝ご飯を食べます。

市川　喫茶店にはかならず毎日？

宮崎　ええ、顔なじみの特権として、エスプレッソとコーヒーを混ぜるという好みを覚えてもらってます。すごく美味しいわけでもないし、街の活性化――いや違うな、習慣ですね。

市川　イチロー選手も毎朝きまってカレーを食べるそうだし、やはり日常のリズム、生活の型が大事ですね。

宮崎　日曜日はかならず町のサウナ屋にいくんです。スーパー銭湯とかではなくて、むかし住宅街にぽつんとできた、二階建ての、もうすぐ潰れそうなサウナ。マッサージのおじさんとも何年越しの付き合いだから、床屋談義をするわけです。

でもその狭いサウナで、世相が敏感に伝わってくるんですよ。金融不況の前に、こなくなった常連がいたり、工務店の人が暮れの心配をしていたり。僕の世間はスタジオジブリのなかと、このサウナだけですけれど、それで十分。むしろ意識的に情報をすくなくしているんです。住んでいる所沢と、小金井のスタジオの往復だけです。

市川　不調なとき、仕事に行きたくないなあという気分のときは、どうやって乗り越えておられますか。

宮崎　もうね、行きたくないなと思いながら、行くしかないです（笑）。なるべくそう思わないようにする。最近見つけた方法は、バスを数えること。

市川　バスですか……？

宮崎　スタジオまで車を運転しながら、走ってるバスを数えるんです。折り返し点で時間待ちしてるバスや、回送バスはカウントしない。すると最低四台は出会うはずなんです。十台くらい見かけた日は「俺は祝福されている」と思い込む。三台連なってきたら、もうお祭りだし、終バスの赤いランプは最高（笑）。つまり映画のことを考えないで空っぽになるように、脳味噌の違うところに電気を通すわけです。
市川　なるほど、気分転換する仕組みなんですね。
宮崎　年齢とともに自分の中のフィラメントがやせ細るから、うまくスイッチを切らないと、燃え尽きちゃう。自己流でいけば、必ずリズムがみつかりますよ。海老蔵さんは若くしてタワシもはじめてるから大丈夫（笑）。
市川　この次はどんな作品を考えてらっしゃるんですか？
宮崎　妄想だけならいくらでもあるんです。たとえば、若き日のまだ快活な芥川龍之介が、探偵のまねごとしつつ、漱石に相談してトンチンカンな推理をするとか。関東大震災前の東京を、アニメーションならば描けると思うんです。あとは、堀辰雄の『風立ちぬ』の世界に、ほぼ同世代の、零戦をつくった堀越二郎が登場するとか。わけわからないでしょう？
市川　正直に言えば（笑）。
宮崎　鈴木プロデューサーもつくれといわないから大丈夫です（笑）。とにかく、いま流行っていることはもう間に合わない。二年後にスタジオジブリが作品を出すとき、どんな日本になっているか、考えつくさなければ。
市川　経済的にも、最悪の世の中かもしれませんね。
宮崎　それでも見に行きたいという気持ちにさせる映画をつくりたい。それはけれん味たっぷりの活劇かもしれないし、やるせない気持ちになる映画かもしれない。僕自身の記憶にのこっている映画は、ヴィットリオ・デ・シーカの『靴みがき』や、五所平之助『煙突の見える場所』、成瀬巳喜男『めし』、それから内田吐夢が引揚げてきて最初につくった『たそがれ酒場』など、しーんとした気持ちになるものでした。暗い時期だから明るい映画がいいわけではないんです。

僕らは「横丁の絵草紙屋」だと自負してますから、売って、買ってもらえなきゃ、立派なことといっても話にならない。やっぱり芝居も映画も、非日常を見にいくもの。たとえ日常を描いていても、僕らがつくってるのは、誰かの特別な一日なんですよ。

市川　そうですね。自分にとっては毎日の舞台だからつい見失いがちだけど、もっと頑張らなくちゃ。今日は本当にありがとうございました。

宮崎　じゃあ、隣の保育園を見に行きましょうか（笑）。もうみんな帰っちゃったかな。

いちかわ・えびぞう●一九七七年東京都生まれ。歌舞伎界を代表する市川家（屋号・成田屋）十二代目市川團十郎の長男として育ち、六歳で初お目見え。一九八五年に七代目市川新之助を襲名、若手歌舞伎俳優を牽引する。二〇〇四年に十一代目市川海老蔵を襲名。二〇〇九年、新作で「石川五右衛門」を演じるなど意欲的に幅を広げている。

［出典一覧］

・ナビゲーター・吉本ばなな　この世の映画ではなかった：語り下ろし

Part1

・スタジオジブリ物語　人間が手で描いた驚きに満ちた『崖の上のポニョ』：書き下ろし
・鈴木敏夫　きっかけは社員旅行。トトロを上回るキャラを目指して：語り下ろし
・宮崎駿　監督企画意図「海辺の小さな町」：製作発表資料

Part2

・宮崎駿『崖の上のポニョ』のすべてを語る：ぴあ二〇〇八・七・二四
・ポニョの世界を創る。1　宮崎駿イメージボード：オリジナル編集
　　　　　　　　　　　2　吉田昇美術ボード：オリジナル編集
・保田道世　彩度と彩度がせめぎあう、スレスレのところを狙いました：『ジ・アート・オブ　崖の上のポニョ』（二〇〇八年／徳間書店）
・吉田昇　とにかく観ていて楽しくなるような作品にしたかった：『ロマンアルバム　崖の上のポニョ』（二〇〇八年／徳間書店）
・近藤勝也　作画スタッフが作り上げた果実に上薬を塗ることが僕の仕事です：『ロマンアルバム　崖の上のポニョ』（二〇〇八年／徳間書店）
・『崖の上のポニョ』主題歌発表記者会見：『ロマンアルバム　崖の上のポニョ』（二〇〇八年／徳間書店）

・出演者コメント：劇場用パンフレット
・ポニョを読み解く8つの鍵：製作発表資料より再構成

Part3

・横尾忠則　技術とかテーマだけでこの作品を評価するなんてモッタイナイ！：語り下ろし
・リリー・フランキー　こたえあわせ：『スタジオジブリ絵コンテ全集16　崖の上のポニョ』月報（二〇〇八年／徳間書店）
・小澤俊夫　昔話から見た『崖の上のポニョ』：書き下ろし
・のん　私、ポニョなのかもしれません！：語り下ろし
・窪寺恒己　「海洋生物オタク」が見たポニョとダイオウイカ：書き下ろし
・伊藤理佐　緊張、そして：書き下ろし
・宮崎駿×市川海老蔵　ポニョから学んだ歌舞伎の神髄：文藝春秋二〇〇九年一月号

企画内容にあわせて適宜、加筆修正およびイラストの掲載を行っております。

宮崎駿 プロフィール

アニメーション映画監督。一九四一年一月五日、東京生まれ。

六三年、学習院大学政治経済学部卒業後、東映動画（現・東映アニメーション）入社。『太陽の王子 ホルスの大冒険』（'68）の場面設計・原画等を手掛け、その後Aプロダクション（現・シンエイ動画）に移籍、『パンダコパンダ』（'72）の原案・脚本・画面設定・原画を担当。七三年に高畑勲らとズイヨー映像へ。その間『アルプスの少女ハイジ』（'74）の場面設定・画面構成、『未来少年コナン』（'78）の演出などを手掛け、『ルパン三世 カリオストロの城』（'79）では劇場作品を初監督。雑誌『アニメージュ』に連載した自作漫画をもとに、八四年には『風の谷のナウシカ』を発表、自ら原作・脚本・監督を担当した。

その後はスタジオジブリの設立に参加。八五年にスタジオジブリで監督として『天空の城ラピュタ』（'86）『となりのトトロ』（'88）『魔女の宅急便』（'89）『紅の豚』（'92）『もののけ姫』（'97）『千と千尋の神隠し』（'01）『ハウルの動く城』（'04）『崖の上のポニョ』（'08）を発表。二〇一三年『風立ちぬ』の公開後に引退を発表したが、二〇一七年五月、再び長編アニメ映画を製作することを明らかにした。

『千と千尋の神隠し』では第五十二回ベルリン国際映画祭金熊賞、第七十五回アカデミー賞長編アニメーション映画部門賞などを受賞しており、『ハウルの動く城』では、第六十一回ベネチア国際映画祭でオゼッラ賞を、続く第六十二回同映画祭では、優れた作品を生み出し続けている監督として栄誉金獅子賞を受賞している。

T2 Studio
桐生春奈　南城久美　清水亜紀子　和田佳澄
柴田好美　渡辺奈津美　川又史恵　垣田由紀子

映像演出　奥井　敦

デジタル撮影
藪田順二　田村　淳　芝原秀典　三好紀彦
佐藤美樹

デジタル特効　糸川敬子

プログラマー　井上雅史　岩沢　駿

整　音　井上秀司

音響効果　笠松広司

録音演出　木村絵理子

効果助手　松長芳樹
フォーリー　山口美香
整音助手　今泉　武　澁澤裕美子

光学録音　上田太士
デジタル光学録音　西尾　昇
ドルビーフィルム・コンサルタント　河東　努　森　幹生
dtsマスタリング　近田まり子　相川　敦
キャスティング・プロデュース　畠中基博　佐藤あゆみ

音響制作協力
東京テレビセンター　デジタルサーカス　東北新社
NATS日本自動車大学校　PUG POINT・JAPAN　コンチネンタルファーイースト株式会社

指揮・ピアノ　久石　譲
演　奏　新日本フィルハーモニー交響楽団
コンサートマスター　崔　文洙
ヴォイス　麻　衣
コーラス　栗友会合唱団

レコーディング&ミキシングエンジニア　浜田純伸
音楽収録　すみだトリフォニーホール
音楽制作マネージメント　ワンダーシティ
内田宣政　千葉香代　前田泰弘

編　集　瀬山武司

編集助手　松原理恵　角川桂子　佐々木紘美

制作担当　渡邊宏行
制作デスク　伊藤郷平　望月雄一郎
制作進行　仲澤慎太郎　三吉弓子
ポストプロダクション　古城　環　津司紀子　西原彩夏
監督助手　居村健治　清川良介

制作業務担当　野中晋輔
制作業務　荒井章吉　川端俊之　西方大輔
品川　徹　長澤美奈子
音楽著作権　長井　孝
プロデューサー室　白木伸子　小林一美　西村義明
内藤まゆ
プロデューサー補　伊平容子
広　報　西岡純一　栗原節子　西村由美子
田村智恵子　机　ちひろ　伊藤　望
小見明子
キャラクター商品開発　今井知己　稲城和実　浅野宏一
安田美香　熱田尚美
出　版　田居　因　平林享子　北沢聡子
齊藤睦志　岸本　卓　渋谷美音
イベント担当　橋田　真　田中千義　三好　寛
筒井亮子　高見典子

管理担当　島宮美幸　玉川典由
管　理　一村晃夫　伊藤久代　山本珠実
伊藤純子　伊藤高康　鵜木久徳
齊藤博幸　宮坂由紀子　海老澤夏希
小久保美佐　齋藤深幸　内田沙織
藤津英子　沼沢スエ子　藤田昌子
告　きよ子
システム・マネージメント　北川内紀幸　佐々木さとみ　槙原彰治

海外プロモート担当　スティーブン・アルパート
武田美樹子　網崎　直　エヴァン・マ
藤田泰聡

監査役　中尾博隆

映画『崖の上のポニョ』 STAFF&CAST

プロデューサー　鈴木敏夫

原作・脚本・監督　宮崎　駿

制　作　星野康二

音　楽　久石　譲

主題歌　「海のおかあさん」
作詞　覚 和歌子　宮崎　駿
～覚 和歌子作「さかな」より翻案
作曲・編曲　久石　譲
歌　林　正子

「崖の上のポニョ」
作詞　近藤勝也
補作詞　宮崎　駿
作曲・編曲　久石　譲
歌　藤岡藤巻と大橋のぞみ

(ヤマハミュージックコミュニケーションズ)
(徳間ジャパンコミュニケーションズ)

作画監督　近藤勝也

作画監督補　高坂希太郎　賀川　愛　稲村武志
山下明彦

原　画
田中敦子　山田憲一　芳尾英明　山森英司
小野田和由　松尾真理子　古屋勝悟　鈴木麻紀子
田村　篤　米林宏昌　横田匡史　佐藤雅子
今野史枝　廣田俊輔　二木真希子　大塚伸治

浜洲英喜　小西賢一　粟田　務　杉野左秩子
箕輪博子　武内宣之　山川浩臣　末吉裕一郎
橋本敬史　本田　雄

動画チェック　舘野仁美

動画チェック補　中込利恵　藤井香織

動　画
手島晶子　斎藤昌哉　大村まゆみ　中村勝利
アレキサンドラ・ワエラウフ　鈴木まり子　大橋　実　山田伸一郎
高橋もよ　石角安沙美　檜垣　恵　三浦智子
東　裕子　松村舞子　北澤康幸　真野鈴子

西戸スミエ　東　誠子　槇田喜代子　土岐弥生
椎名律子　大谷久美子　富沢恵子　藤森まや
大友康子　矢地久子　梅林由加里　宮田知子
渡辺恵子　太田久美子　岩柳恵美子　松下敦子
寺田眞佐子　国島裕子

谷平久美子　山浦由加里　中里　舞　菅原隆人
金子由紀江　中西雅美　小山正清　福井理恵
鈴木理沙　大谷　茜　田名部節也　岩上由武
中野洋平　佐川芳美　高村和宏　保坂　恒
西河広美　寺田久美子　伊藤かおり　近藤梨恵
黄　順河　増田朋世　久保田　彩　奥山鈴奈
大原真琴　石井邦俊　沖田博文　松本　恵
三谷暢之　元矢陽子　高瀬有奈　市村俊太郎
矢永沙織　鈴木和音　中村恵美　高島孝広
斉藤ゆか　小島知之　佐藤充夫　上田祐平

作画協力
アニメトロトロ　中村プロダクション　スタジオたくらんけ
スタジオコクピット　動画工房　ゴンゾ
ブレインズベース　竜の子プロダクション　スタジオカラー

美術監督　吉田　昇

美術監督補　田中直哉　春日井直美　大森　崇

背　景
伊奈涼子　芳野満雄　平原さやか　福留嘉一
長田昌子　渡邊洋一　矢野きくよ　高松洋平
西川洋一　佐藤詩穂　増山　修　武重洋二
男鹿和雄

色彩設計　保田道世

色指定補　山田和子　田村雪絵　熊倉　茜

デジタルペイント
森　奈緒美　高橋広美　古城理恵　斉藤清子
石井裕章　齋藤純也　松島英子　土居真紀子
竹野裕美　谷　香織

声の出演

リ サ	山口智子
耕 一	長嶋一茂
グランマンマーレ	天海祐希
フジモト	所ジョージ
ポニョ	奈良柚莉愛
宗 介	土井洋輝
婦 人	柊 瑠美
いもうと達	矢野顕子
トキさん	吉行和子
よしえさん	奈良岡朋子

左 時枝	竹口安芸子	山本与志恵	片岡富枝
田畑ゆり	佐々木 睦	平岡映美	大橋のぞみ
羽鳥慎一	山本道子	金沢映子	斎藤志郎
石住昭彦	田中明生	脇田 茂	つかもと景子
山本郁子	沢田冬樹	渋谷はるか	川辺邦弘
手塚祐介	柳橋朋典	塚本あい	

協 力

荒川 格　磯前史子　岡田知子　加藤昌孝
金沢明香　金野 巧　亀田勇気　川人献一
黒河内 豊　後藤慎司　子安慎二　齋藤政憲
佐多美保　佐藤寿一　鈴木康弘　関 慎太郎
高井真一　高橋賢太郎　田中英雄　田中博臣
土谷大輔　堂園佑子　西崎聡一　服部 准
濱田美和子　林 隆司　原田康久　広瀬春奈
福田啓二　藤岡孝章　保志忠郊　森田正樹
盛谷尚也　八幡麻衣子　山﨑文雄　吉池千絵
依田謙一　米澤隆太

特別協賛　アサヒ飲料

特別協力　ローソン　読売新聞

宣伝プロデューサー　伊勢伸平　細川朋子

東 宝　中西 藍　福田信紘　西田信貴
東宝アド　矢部 勝　土屋 勝　松木理恵子
水木雄太　篠原由樹夫　小柳道代
原 美恵子　矢島 洋　折原裕之

予告編制作　板垣恵一

「崖の上のポニョ」製作委員会

日本テレビ放送網
氏家齊一郎
細川知正　室川治久　小杉善信
長崎佳子　藤本鈴子　高橋 望
畠山直人　松隈美和　平方真由美

電 通
高嶋達佳　若杉五馬　松下 康
杉山恒太郎　島本雄二　白石統一郎

博報堂DYメディアパートナーズ
佐藤 孝　吉川和良　西川 孝
安永義郎　吉田 恵　矢部征嗣

ウォルト ディズニー スタジオ ホーム エンターテイメント
塚越隆行　平野舞子　岸本光司
村中優子　山下幸郎

ディーライツ
鈴木大三　板橋 徹　山本哲也
高﨑俊哉　新井紀乃

東 宝
高井英幸　千田 諭　島谷能成
市川 南　山内章弘　小野田 光

製作担当　奥田誠治　福山亮一　藤巻直哉

現 像　IMAGICA
タイミング　平林弘明　上野芳弘
フィルム・レコーディング　小越 将　熊倉 怜
カラー・マネージメント　松本 渉　真島 彩
デジタル・シネマ・マスタリング　岡田 健
ラボ・コーディネーター　佐藤祐梨子
ラボ・マネージャー　川又武久　久下 理

制 作　スタジオジブリ

ナビゲーター　吉本ばなな
本文デザイン　加藤愛子（オフィスキントン）

ジブリの教《きょう》科《か》書《しょ》15　崖《がけ》の上《うえ》のポニョ

2017年11月10日　第1刷

スタジオジブリ
文《ぶん》春《しゅん》文《ぶん》庫《こ》　編

発行者　飯窪成幸
発行所　株式会社文藝春秋
東京都千代田区紀尾井町3-23　〒102-8008
TEL 03・3265・1211（代）
文藝春秋ホームページ　http://www.bunshun.co.jp
落丁、乱丁本は、お手数ですが小社製作部宛お送り下さい。
送料小社負担でお取替致します。

印刷・製本　図書印刷

Printed in Japan　ISBN978-4-16-812013-8　定価はカバーに表示してあります